ROAD to the TOP

頂への冒険

吉田正尚
ボストン・レッドソックス

ベースボール・マガジン社

はじめに

大きな夢を持ち、一歩ずつ着実に「頂」を目指す。
体が大きくないからこそ「自分で考えて動く」――。
ボストン・レッドソックスの吉田正尚です。この度、自身初の著書『頂への冒険』を手に取ってくださり、本当にありがとうございます。オリックスに在籍した7年間の出来事や、僕の野球に対する考え方、幼少期からの心の持ち方、そして、向上心……。1冊にまとまり切らないほどの思いの丈を、この本でお伝えします。

野球を愛して、一生懸命プレーする少年少女はもちろん、その子どもたちを温かく見守るお父さん、お母さん。そして、一緒に白球を追う仲間たちへ、少しでも僕の経験を伝えることができればと思い、出版に至りました。

世の中には、いろんな「タラレバ」があります。

あのとき、こうしていれば良かったとか、ああしていれば……とか。皆さんも振り返ると、いくつか思いつくことがあるでしょう。もちろん、僕にだってあります。

人生は「瞬時の判断」の連続です。

野球というスポーツにおいても、毎球、その繰り返しです。「あの1球」は戻ってきません。その1球を悔いなく仕留めるため、日々、鍛錬を積むのです。

この本を通じて、今まで僕が歩んできた人生を知ってもらいたい。1冊の本として世の中に「何か」を残せればな、と思っています。1ページ、1フレーズでも、皆さんの胸に刺さる言葉があれば、もう、それで良いんです。

口ベタな僕が、あまり話してこなかった「考え方」の部分を、何も隠さずストレートに伝えます。気楽に読んでもらえたらと思っています。

僕は「頂」という言葉が好きです。

いつも「座右の銘は?」と聞かれると、こう答えています。

よくあるじゃないですか、色紙に一言、書いてください！ みたいな。ふと考えたときに「頂」って良いなあってピンと来たんです。漢字の形もカッコいいですしね（笑）。

これは頂点に立つという意味、じゃないんです。「頂を目指す」という意味。上だけを見て、必死に「頂を目指していく」という意味です。登っていく段階で、いろんな困難に遭遇する。それがまた、良いんです。

そんな、人生、簡単じゃ面白くないでしょ?

登り切ってしまうと人間、甘えてしまってダメになる。そこがゴールだと自分が決めた瞬間、その道は閉ざされるのです。もう、前に進めない。だからこそ「頂を目指す」なんです。


頂上に向かって、いろんな出会いのある旅が良いと思っています。

どれだけテッペンを目指しても、決して、たどり着かないから良い。夢は、そう簡単に叶いません。「夢を掴む」って、言葉ではすぐに表現できますけど、実現するのは難しい。

未来の自分が良い思いをしていたいのであれば「苦しいことを乗り越えていかなければいけないよ」と教えてあげてください。単純に「良い思いをするためには、頑張らなあかんよね」って。楽ばかりして前進できるなら最高でしょうけれど、それはできないと僕は理解しています。仮に、楽をして上手になったことは、その瞬間は見栄えが良くても、長続きしない。運があるだけなので。ベースを作って継続しないと「自分の力」になりません。

自分を信じ切って、ブレずに進んでいければ「夢を掴むチャンス」は誰にでもあります。それを掴み取るために、小さなことからコツコツ頑張ってみる。後々、その姿勢が輝いていくのでね。社会を見渡しても、成功者ほど努力を重ねています。例えば「楽して稼ぐ」という言葉。そんな簡単に成功している経営者を見かけたことが、僕にはありません。やっぱり、何か人と違う切り口で、新たに開拓して、そこで成功を……ってね。僕たちアスリートもそうだと思います。

努力しているかどうかは、周りの人が決めることです。

僕たちは日々、自分に勝っていかないといけないのです。ただ、思い詰め過ぎて、パンクすることは避けなければなりません。「昨日の自分」に負けないことも大切ですが、「今日の自分」を許してあげる心は、もっと大切だと思っています。

大きな目標を胸の中に置いて、達成するために必要な目標設定を1つずつ作る。それを少しずつクリアしていけば、自然とレールを進んでいける。そういう達成の連続が、自分を奮い立たせてくれる。好きでい続ける能力、向上心を持ち続ける才能――。これは誰しもが持てるものだと、この本で伝えられたらと思っています。

現代は情報社会となっていて、いろんな選択肢が浮かびます。

僕たちが子どもの頃よりも選べる範囲が広がっています。その反面、何を目指したら良いのか、何をするか、何をしてはいけないかの判断が難しい環境でもあります。どう尋ねても「どうすれば良いのか、わからない」となってしまう人は、一度、深呼吸をして立ち止まって見てほしい。そして、日々、自分が何をしているときが「楽しい」と思えるのかを感じてみてください。僕にとって、それが「野球」であり「ホームラン」でした。今でも、その気持ちは変わりません。

僕は「ホームラン」が打撃の完成形と思っています。プロ野球の世界に入って、投手のレベルもグンと上がりました。野球というスポーツは、どうしても相手との勝負事なので、いろんな意味で自問自答を繰り返します。打てる確率は上げられるけど、配球面に明確な正解はないです。どのボールを狙うのか、振るか振らないか。すべて自分の「決断」です。僕は「後悔しない選択がしたい」と毎打席、思っています。自分で納得したい。人のせいにしたくない。だから、自信を持って打席に立つために、突き詰めて、考え抜いてスイングしています。

人生、辛いことが8割以上を占めていると思います。でも、これも考え方1つで変わります。「人生、辛い方がトータルすれば楽しい」「楽をして生きていても、それを〝楽しい〟って感じるのかわからない」。僕は、そう思っています。いっぱい苦労して、遠回りしても、自分の力で掴んだものは大きい。その喜びを違成できるように地道に頑張っていく。もちろん、心が折れることもあります。だけど、その瞬間にハッと気がつくんです。「これは次のステップに進めるチャンス」だと。また1つ、山を迎える。

それは「頂」に近づいていける分岐点だと捉えています。

僕は、常に一番を目指しています。向上心がなくなったら、そこが自分の終着点。諦めた、ということ。誰に何を言われようと、夢を持つこと、熱中することが大事です。そこに悔しさや反骨心も必要ですね。

野球を始めた頃から、体は大きくありませんでした。それでも、メジャーリーガーへの憧れは、ずっと胸に秘めていました。「あれだけ打球を飛ばせたら気持ち良いだろうな」「シンプルにカッコいいな」。そう思って、僕はバットを振り続けてきました。

今、その舞台に、ようやく辿り着きました。自分の目で見て、自分の肌で感じてみたかった世界に僕は立っています。

ここが新たな出発地点。「頂への冒険」は、まだまだ続きます。

吉田正尚

ROAD
to the
TOP
頂への冒険

CONTENTS

構成／真柴 健
協力／株式会社パムズ
オリックス・バファローズ
カバー写真／湯浅芳昭
写真／吉田正尚
ベースボール・マガジン社
Ｇｅｔｔｙ Ｉｍａｇｅｓ
校正／中野聖己
装丁・デザイン／イエロースパー

第1章　世界に名を轟かせたアーチ

地球を押し込む2本指

静寂を喝采に変える——。

世界中を揺るがせる一振りには、確信めいた感触があった。

「本当に、自分を信じて打席に入ったことだけ覚えています」

落ちる変化球に右手1本で対応した直後、体をうまく回転させると、その場で5センチほどピョンと浮いた。トップアスリート「吉田正尚」のすべてが詰まった一撃だった。

2023年3月20日（日本時間21日）、第5回ワールド・ベースボール・クラシック（WBC）の準決勝、メキシコ戦。侍ジャパンの「四番」が、とてつもない大仕事をやってのけた。負ければ終わりの一戦は、終盤まで0対3と劣勢。3点を追う7回二死一、二塁で打席へ。

「これまでになく冷静でした。やっぱり、集中もしていたし、何も聞こえなかった」

アメリカ・マイアミ州のローンデポ・パークの大歓声を、さらに沸き立てた。「序盤に何度もチャンスを作った中で得点ができていなくて、重苦しい雰囲気があった」。そんな空気を一変させる力を発揮した。カウント2―2から、サウスポーのロメロが仕留めにきた、内角低め138キロのチェンジアップを、右手1本で捉えた。右翼ポールに向かって伸びる白球に、全世界の野球ファンが息を飲んだ。「打った瞬間はファウルゾーンに切れるかな、と思ったんですけど、頭の中で感覚を巻き戻すと……。これは、入ったなと。ベンチもみんな興奮してくれていた。アプローチを変えずで、正解でした」。

起死回生の同点3ラン――。

劇的な一撃に、三塁側ベンチ全員が飛び上がった。普段、グラウンドで感情を見せない吉田でさえも、両手を高々と上げて、渾身のガッツポーズ。本塁を踏むと絶叫した。「チームが勝てば、僕はそれでいい。そのために、どういう仕事ができるか考えるんです。確かに、あの3ランは興奮しましたけど、それよりも、みんなと喜びを分かち合えたのが素晴らしかった」。ヘルメットを叩かれ、手荒い祝福を受けた。痛みはない、快感だった。

右翼ポール際に運んだ劇的同点3ランは、奇跡ではない。

「吉田正尚」にしか打てない〝地球〟が打たせてくれたアーチだった。


「ヤギが崖から飛ぶ映像、見たことある？」


唐突なクエスチョンに、首を傾げるしかなかった。声の主はアテネ五輪ハンマー投げ金メダリストで、スポーツ庁長官の室伏広治氏だった。「四足歩行でね、重心が前にあるから、飛び上がって着地しても踏ん張れる。あんなに高く飛べるのは、うまく地面の力と自分の体重をコントロールしているからなんだ」。2年前に耳にした言葉に深みを感じていた。

そのヒントをもとに、ソックスを変えた。「足袋型にしたんです。試合用も5本指ソックスから変えました。試してみたら、感覚が良かった。指先の動くところと止めるところがわかりやすい」。合言葉は「母指球」だった。

「地面の反発をしっかり受けられるような仕組みを作ったんです。やっぱり、足がふわふわしちゃうとダメ。地面の力を借りた方が、力をうまく伝えられる」

身長173センチ。決して恵まれたとは言えない体格だからこそ、頭を使う。「だから僕、足指のトレーニングも結構していたんです」。細部まで神経の伝達を行う練習が、この一瞬に生きた。

「練習できる時間は限られているから、意味のないことはしたくない。どのトレーニングも打席に繋がっている。それは、後から気がつくもの。向上心というか……自分がどうなりたいか、という明確な答えがある。だから、もっと上を目指すためには、どうすれば良いのかという考え方。僕は体が大きくないからこそ、1つでもパワーを与える力を大きくしたいっていう考えの元で、励んでいます」

打った瞬間、背番号「34」は飛び上がった。それは地面を押し切り、白球にすべての力を伝達できた証だった。「この体だから……。昔から、自分より体の大きな選手より遠くに飛ばしたいと思っていたのがベースにあるのかもしれない。もっとスイングスピードを速くしないといけないとか、小さい頃に思っていた感覚がちょっとずつ体現できるようになった。自分の引き出しを増やして、脳も進化していく感じ。スキルアップというか、1個ずつ、より深く考えるようになった」。成長した〝小さな大打者〟は、拳をグッと握った。

緻密な計算

平常心こそ、すべての動作をスムーズに進める。打席の中でも、心拍数を一定にして脳をフル回転させる。「直前に1回、チェンジアップを空振りしていたんです。そこでチェンジアップを1球見られたことが大きかった。カウントを追い込まれてから、ミートポイントを体の近くに入れて、右肩が開かないようにしたので、うまくヘッドが最後に出てきた。体が開かなかった分、ボールの内からインサイドアウトで（打ったので）切れずにポール際に入った」。2ストライクに追い込まれていたからこその劇的弾だったと振り返る。

「最初は打つポイントを前に出していたんです。対戦したことのない投手だから、うまく対応できず、差し込まれてもいけないので。チェンジアップの軌道を1球、体感できたのが良かった。空振りでしたけど、しっかり振ったことで少し理解できた。あれがスライダーでチェンジアップを最後まで見なかった場合、どうなっていたかは、僕も想像できない。結果的に良いアプローチができた」

世界に羽ばたいた日本球界屈指のヒットマンは、その1球を逃さなかった。ただ強く振り切っただけではない。投球軌道を読み、ボールの右側を捉えたアーチだった。「線で投球ラインをイメージしながら。ポール際の打球が、もし、あそこでファウルに切れるってことは、ボールの外側を叩いている。あれがフェアゾーンに入るときは、うまくボールの内側を叩けている。それがまた、左投手だったのでなおさら……。もっともっとボールの内側を叩かないといけない。カウントを追い込まれた分、絶対に体を開いちゃダメという意識の中で、しっかりと右肩が我慢して、ヘッドが先にうまく抜けてくれた。僕の打撃は、1つずつパーツで考えていくのでね」。卓越したバットコントロールと、細部まで計算した駆け引きがあった。

3点ビハインドの重苦しい展開を、一気に熱狂のスタジアムに変えた。
「痺れましたね。みんな球場の雰囲気に飲まれていた感じもあった。メキシコ代表の勢いも、すごかった。終盤になるにつれ、なかなかチャンスも作れなくなる厳しい中で、なんとか繋げたいという思いだった。最高の結果になりました。あの空間を作り出せたのは幸せだった。野球人生でも思い出に残る試合になった」

ダイヤモンドを一周すると、天に向かって両手の人差し指を突き上げた。「初めての感情でした。地鳴りのような歓声で。すごかった、としか振り返れない。あの1本を思い出すと、シーンが点で何個か出てきて、頭の中で順番を繋ぎ合わせる感じです」。大興奮だったため、全てを鮮明に覚えているわけではない。「野球人生が終わったときに、また振り返りたいシーンの1つですね。ああいう本塁打は思い出すかもしれない」。言葉を断定しなかったのは、ここがキャリアハイだとは1ミリも思ってないからだった。

若き侍の力

大熱戦のピリオドは、若き侍に託した。

1点をリードされて迎えた9回無死二塁。四球を選んで好機を繋ぐと、ネクストバッターズサークルを指差して吠えた。

「頼むぞ、レッツゴー！」

気迫を前面に出した。「自分がサヨナラのランナーだということは理解していた。カウントを整えて、後ろの良いバッターに繋いでいくしかないと思った。僕は最後まで、ムネを信じていましたから」。令和の三冠王、村上宗隆内野手に、全ての期待をかけた。

「日本での実績がある選手。タイミングの取り方1つで結果は変わると信じていた」

捉えた打球は、中堅手の頭上を越えた。代走・周東佑京内野手が全速力で本塁生還。読みが的中した。「チームを1つにしてくれましたね。主役を張る選手ですから。最後、やってくれると思っていました」。ベンチから飛び出し、祝福。村上の絶叫に、共鳴した。「やっぱり、ムネ、すごかったですよね」。3点ビハインドからの窮地を救った。そんな〝影の主役〟は終演時、舞台袖から後輩にスポットライトを当てていた。

大会中、村上は「四番の重圧」からか、極度の打撃不振に陥っていた。準々決勝のイタリア戦で五番に打順を下げ、代わりに四番を務めたのが吉田だった。予想していなかった四番起用に「ムネがずっと打つものだと思っていたので、僕は気楽に構えていました。だから、スタメン発表でちょっと返事が遅れました」と笑った。

村上のすごみは、期間中、左翼のポジションから見守った。村上らのフリー打撃中、打球をキャッチしようとグローブをはめて守るのだが「1回も飛んでこなかった。全部、頭の上を越えていく。西武の山川（穂高）さんもイカついスイングで上を越していきますけど、ムネの放物線は綺麗ですよね。ホームランって、みんな幸せになる。華であり、野球の醍醐味。1スイングで1点。魅力ですよね」とアーチストの美学を再認識した。だからこそ〝村神様〟を絶賛する。

「あれは、本当に神懸かっていましたよね。22年の5打席連続ホームラン……。彼も青木宣親さんの存在が大きいと言っていた。プロ1、2年目で良い先輩に出会うのは大切なこと。もちろん、メジャーリーグでバリバリやっていた選手と一緒に野球ができたのは大きな影響があったと思う。プレー面も生活も。最初の段階でプロの言葉、しかも、メジャーリーガーの言葉が聞ける。そんな環境、なかなかない。そういう出会いとか、ご縁は大事。人との繋がりの部分ですね」

村上にとって、吉田のWBC参戦が、まさにその通りだった。

影のMVP

侍ジャパンは、3大会ぶりに悲願の世界一に輝いた。19年プレミア12、21年東京五輪に次いで主要国際大会3連覇を達成し、3種類の金メダルを獲得した。大会MVPは投打二刀流の躍動を披露した大谷翔平選手が獲得したが、吉田は間違いなく〝影のMVP〟だった。この男がいなければ、栄冠が訪れていたかは、わからない。大会新記録となる13打点を記録し、外野手部門での大会ベストナインに選出された。〝世界打点王〟には「たまたまですよ。良いバッターが揃っている中で、僕は自分の仕事ができるように心掛けているだけ」と謙遜する。

「どの打順でも、打撃への意識は変わりません。得点圏ではランナーを返す打撃を。ランナーがいなければ、自分が出塁する心掛けで。それはいつも変わらない。どんな大会、どんな場面でも一緒だと思う」

期間中、全7試合で打率・409、2本塁打、13打点。決勝のアメリカ戦で際どいコースを見逃して三振を喫するまで、三振はゼロだった。

「WBCは特別な雰囲気でしたね。負けられない戦いの中でプレーできたことは自分にとって大きかった。色々な駆け引きや集中力は、普段のシーズンでは味わえないものがあった。日の丸を背負って戦うことのプレッシャーはあったんですけど、1球1球の重みを感じてプレーできた。選ばれし者というか。そういう舞台ですよね。体感しないとね。いろんな喜びだったり、悔しさだったり……。全部が、普段よりも力が入ると思う。勝った喜びも大きいし、打てなかった悔しさもデカい。1発勝負なんでね。リーグ戦と違うのは、もちろん。高校野球に近いような。一生に1回。甲子園を目指して戦っていた感覚の強化バージョンなのかなと」

WBC参戦前にはオリックスからレッドソックスへの移籍が決まっていた。メジャーリーグ挑戦1年目での、国際大会参戦。「もし、僕がメジャー2年目のシーズンだったら……。1年目で苦労していたら、また見え方も違ったし、立場も変わっていたかもしれない。ある意味でね。参加していたかどうかは、正直わかりません。1年目だから、まだメジャーの調整方法を知らないからWBCに出場できた。訳がわかってないから、怖いものなしの状態だったのが逆に良かったかも。これはタラレバなんですけどね」。それでも、腹を括っての侍ジャパン参戦だった。

「日の丸を背負って戦う意味、あのメンバーで過ごす時間……。経験をした人にしかわからないプレッシャーや重みはあると思う。日の丸を胸にして聞く国歌であったり、特別なものがある。鳥肌というかね、ゾワッとしますよ。そんな場面でもっともっとプレーしたい。1人の野球選手として、そう強く感じています。もちろん、プレッシャーはありますけど、それよりも大きなものがある。あの舞台に立てる挑戦権を頂けたのに、断る理由なんて、僕の中には存在しませんでした」

そして、自身の胸に言い聞かせた。「WBCはWBCだから……」。オリックスのことも、レッドソックスのことも、頭の片隅に〝整理〟した。金メダルを首に下げると「僕の存在だけではなく、日本の野球を世界に証明できた。それが幸せでした」と、歓喜の声を震わせた。

決意の帰国

メジャー挑戦1年目とあり、今大会への調整は難しかった。キャンプインの日程もあり、侍ジャパンではメジャー組「最後の合流」となった。2月の宮崎合宿からチームに合流していたダルビッシュ有投手、名古屋遠征から合流した大谷、ラーズ・ヌートバー外野手に続き、メジャー組では最後のチーム合流となった。3月3日の夜、キャンプ地の米フロリダから成田空港へ。長時間のフライトでも、世界一の瞬間をイメージして帰国した。

そのまま、かつての「ホームグラウンド」である大阪に戻ると、多くの報道陣たちが待っていた。にやりと笑みを浮かべ「久々の日本、寒いね。こんなに（報道陣が）来てくれると思ってなかった」と喜んだ。

直後の行動力が、彼のすべてだった。伊丹空港に到着したのは夜の8時前。その足で、いつも通っていた点滴を受け、直後には行きつけの美容院で髪を整えた。時差ボケ対策よりも、自身のコンディションを整える方が優先だった。

「僕らは怪我をしてしまったら、そこでおしまいですから。プロ1、2年目で腰を痛めて苦しんだ経験がある。野球選手である以上、グラウンドに立っていないと、意味がない」

4日は「自主行動」で5日の代表チーム本隊合流に備えた。「世界一を目指して戦いたい。どんな状況でもベストを尽くさない選手に、未来はない。真剣に求めたのは『夢を追うこと』だった。僕は一心になって、その夢を追うだけでした」。幼い頃に描いた夢は「メジャーの舞台に立つこと」と「世界一の瞬間を味わうこと」。巡ってきたチャンスを放り出すことは考えられなかった。

代表チーム本隊に合流した5日、栗山英樹監督と握手を交わすと「元気に戻ってきてくれてありがとう」と感謝された。指揮官からは「正尚、俺が親だったらWBCはやめろと言うよ。メジャー1年目で大型契約……」。素直な返事をした。

「栗山監督、メジャーも夢ですけど、日の丸も夢です。魂、持っています」

かつて、リハビリ生活を送った大阪・舞洲の球団施設で、2つの夢をぶつけた。大谷、ヌートバーらと握手すると、親交のあった村上、岡本和真内野手とは熱く抱き合った。「優勝、世界一に向けての一員に。素晴らしいメンバーなので力を合わせてやれば大丈夫」ラストサムライは合流即、チームに馴染んでみせた。

戻った歓声と本拠地

かつての本拠地に「34」を披露したのは6日だった。強化試合の阪神戦に「五番・レフト」でスタメン出場。主砲の帰還に、京セラドーム大阪は拍手喝采だった。時差ボケなどのコンディション不良もあり、2打席連続で三振。3打席目に左翼フェンス直撃の適時二塁打を放つと「正尚コール」が巻き起こった。

翌7日の強化試合は古巣のオリックス戦。四番で起用されると、4打数3安打4打点の固め打ちで、熱狂を呼んだ。お立ち台にも登場し「懐かしいなって感じです！　7年間、ここで成長できた。応援いただいて本当にありがとうございました。これから熱い戦いが始まるので、皆さんの声援が力になります。思いっきりプレーしてきますので、一緒に戦っていきましょう！」とファンを沸かせた。

凱旋試合を終えると「今までプレーしていた場所で、日の丸のユニフォームを着て、またプレーできた。ファンに見てもらえて、すごく良かった」。記念写真を撮り、決戦の地、東京ドームへ移動した。

東京への道中、ある選手の思いが、脳裏をよぎった。左脇腹を痛め、ＷＢＣ出場辞退となった鈴木誠也外野手だった。

「去年、誠也が日本に戻ってきていたときに、食事をしたんです。メジャーの話を聞いていると、日本で普通にやっていたようにはならないこともたくさんあると言っていた。自分をまずアピールしないと。最初の印象って大事。向こうの選手たちには知られてない存在なので。そういうのも苦労したみたいです」

1学年下の「戦友」を思う。「誠也のメジャー挑戦が決まったときも『応援しているし、リスペクトしている』と伝えました。誠也の人間性も知っているし、野球に対する向き合い方もね。純粋に、嫉妬とかなくて、頑張ってほしいと思っていましたね。そして、僕も、その舞台に立ちたいって思いもあった」。WBCでも共に戦い、移籍報告も直接したかったが、無念の出場辞退に、寂しさが募った。

〝新たな仲間〟も気になった。日系選手として初めての代表入りを果たした、ヌートバーだ。「彼は歳下だけど、メジャーの先輩ですから。聞きたいことはどんどん聞いてみようと思っていました。メジャー経験者に、実際どうなのかっていうのは聞きたいですよね。まずは、そういうコミュニケーションを取っていきたいと思っていました」。そう話すと、ヌートバーの胸中も察していた。「彼は、僕らとはまた違う国の背負い方。初めてのことで、みんなに認められた選手。スタッフも含めて、僕らも彼のプレーをファンと同じような気持ちで見ていた。本当に全力でチームを鼓舞して引っ張ってくれるプレーヤー。ペッパーミル・ポーズも頼もしかったですよね」。明るいキャラクターで、どんどん打ち解けていく姿に目を丸くした。

スーパースターとの遭遇

最も驚いた存在は「スーパースター」だった。二刀流で活躍する大谷翔平に賛辞を止めなかった。

「まず、前例のないことをほとんどやっていますからね。彼こそ、前人未到と言いますか、本当に羨ましい、完全に。体も、パフォーマンスも、顔もカッコいいですよね。スタイルも……9頭身じゃないですか？（笑）いやぁ、本当に羨ましい限りですよね。それしか言葉が出てきません。ファンの皆さんと同じ気持ちで〝大谷さん〟を見ています」

ふと、日本ハム時代に見た衝撃弾を思い出した。

「やっぱり僕、印象的だったのは、彼が日本にいたときですよね。札幌ドームで、レアードとバッティングケージを2カ所、並べて打っていたんです。レアードが左側で打っていて、大谷くんが右側。レアードが右打席から思いっきり打球を引っ張るんです。レフトスタンドにボコーンってね。そしたら……。レアードのケージより遠いはずの大谷くんが、逆方向に流し打って、レアードより飛ばすんですよ……。間近で見ていたんですけど、単純に飛距離がすごかった。あと、体が大きいですけど、それを本当にうまく使いこなせているというか、メカニックの部分に関してもすごいなと感じました。本当に無駄がなくて、やっぱりスーパースターって身体能力プラス技術が重なったら、もう僕らはどうしようもないなというか。そういう発想にまで行く選手。もう、誰が見てもすごい。彼も僕らが知らない努力だったり、考え方ってあると思うので。単純にリスペクトしています」

そうは言うものの、吉田も左翼席に流して弾丸アーチを放り込む。

「そうかもしれないけど……。だけど、全然違う。結局、僕の打球の半分以上は、引っ張りだと思うんで」。打撃の話にスイッチが入ると止まらなくなる。「逆方向に流すっていう感じではなくて、もう……逆方向に飛んでいったと思うようにしています。そういう感じです、練習から。無理に流そうとすると、どうしてもバットのヘッドが下がったり、ポイントが1個遅れていることになる。基本は、自分のベースである、右中間から左中間、セカンドとショートの頭の上のラインで角度をつけて、フリーバッティングから打っている。その延長で実戦でもできたらいいんですけどね……。大谷くんは、次元が違う。僕は〝リトルリーガー〟として頑張ります」

「リトルリーガー」の矜持

身長173センチの自分を「リトルリーガー」と、冗談混じりに表現する。大谷にスポットライトが当たる中、しんみりと振り返る。「体が小さくてもね。何かでカバーできれば問題ないとは思っています。僕は全身を使って、パワーを生み出している。そのためのトレーニングに励んでいるので」。WBC準決勝メキシコ戦の劇的3ランも、強いコンタクトで右翼席まで運んだ。全世界に響かせた快音が「リトルリーガー」を照らしたのだった。

大谷とは、今回の侍ジャパンで本格的に意見交換をした。

「侍ジャパンに入るまでは話したことがなかったんです。でも、日が経つにつれて（海外）ピッチャーの対策だったり、ボールの待ち方だったり。メジャー全体の、というよりも、そのピッチャーに対してのアドバイスをもらいました。メジャーの先輩ですし、情報を聞いたり、対応の仕方を聞いたり。心強かったですね」

ＷＢＣ決勝のアメリカ戦、最終回のマウンドには大谷が立った。「漫画の世界でした。泥だらけのクローザーでね。最後、アメリカのラインアップを見たときに、ベンチで『トラウトに回る』って話題になっていました。本当に最後、ああいう形で。しかもスライダーで三振を奪って……。スーパースターだなと改めて思いました。彼は、見えている世界が違う。二刀流で活躍していて、他の選手と普段の動き方も違う。自分の体のことを本当によく理解して、コントロールしているなという印象でした。誰もやったことがない二刀流の活躍。自分が一番、自分を理解して、行動していると感じましたね」

三番・大谷翔平、四番・吉田正尚――。

ネクストバッターズサークルから、大谷の打席を見た。「繋いで勝つという意識が高かった。チームに一体感をもたらす選手でした」。大会期間中、大谷はヒットを打ってベンチを鼓舞すれば、意表を突くセーフティーバントも敢行した。「心から楽しんでいましたよね。どうすることが一番勝つ確率が上がるのかを考えていた。自分だけじゃなく、チームのことを考えているプレーヤーでした。大谷くんと、試合をする度に雰囲気が良くなっていた。一緒に世界一のメンバーになれたことが本当に嬉しいですね」。試合中のベンチでは、大谷、ヌートバーらと真剣な表情で、ときに笑顔を見せて話すシーンが多かった。

日本最終打席の行方

世界一に駆け上がるまでの予選ラウンドも、壮絶だった。「負けられない試合は本当にキツい。絶対に勝ち上がると思って見られているわけですから。予選で敗退することは誰も予想していなかったでしょうし。もう勝つだけ。コンディションを整えて、ベストで迎えるだけでした」。心を強くした。

初戦、9日の中国戦は「五番・レフト」で出場も無安打だった。常々「良い結果が毎日出るとは限らない。その確率を上げる努力をしていきたい」と話すように、翌日には本領発揮するのだから、只者ではない。10日の韓国戦も「五番・レフト」でスタメン出場。1点差に迫った3回一死満塁から、逆転2点適時打を放った。5回には犠飛で1点を追加、6回にはタイムリーを放つなど、3打数3安打5打点と大暴れ。「日本の野球の素晴らしさを世界に伝えられる場所」と、国際大会でもヒットマンは健在だった。

11日のチェコ戦にも「五番・レフト」で出場。1点を追う3回二死一、二塁から、逆転となる2点適時二塁打を放ち、東京ドームを大熱狂に包んだ。12日のオーストラリア戦の先発マウンドには、オリックスで同僚だった山本由伸投手が上がると「援護なしでも大丈夫じゃないですか?」と笑い、その能力の高さを表現した。1次ラウンド4試合では五番に座り続け、打率・417、8打点と得点源となった。五番打者として完璧な仕事を果たし「打点は皆さんのおかげなので、ありがたい」と感謝した。

予選ラウンドを勝ち上がると、16日には準々決勝イタリア戦。負ければ終わりの戦いに「受け身になりがちなので自分の感覚を大事にしたい」と強調。村上に代わって「日本の四番」として起用されると「痺れる展開になってくる。その中でいかに力を発揮できるか。準備をしっかりしたい」と話していた通り〝日本最終打席〟となった、7回の打席で、右翼に大会1号の豪快弾を放つ。

「オリックスのとき、京セラドームの最後の打席（日本シリーズ）もホームランでした。東京ドームの最後もホームラン。僕だけの力ではないと思います」

日本中のファンに「惜別弾」を届けた数時間後、チャーター機でグッスリと夢の中に入り込んだ。東京から決戦の地、マイアミへの直行便。およそ15時間のフライトは、あっという間だった。

美酒の余韻

アメリカ到着から9時間が経たないうちに、自主練習に出た。佐々木朗希投手や山本由伸投手ら、準決勝、決勝での登板予定のあった投手陣は体を動かしたが、野手では唯一の練習参加。青空の下、清々しい気持ちで汗を流した。他のメンバーは休日に充て、体を休ませたり、観光に出かけたりしていたのだが「やることはきっちりやらないと気が済まないタイプなので」と、ベンチに座って弁当を頬張った。

「アメリカに到着して、日本代表がすごくニュースになっていた。ちょっとだけ確認はしていたんですけど、大谷くん、ダルビッシュさんがいて、すごい注目度になっていた。日本のファンもたくさん、現地に来てくれていて……。12球団のファンプラス、日本の野球好きな方がみんな集まって、全員を応援してくれた。声援の力って、やっぱり、大きかったです」

ダルビッシュの存在も大きかった。

「例えば、オリックスの後輩、宇田川（優希）投手。22年に育成からパッと上がってきた投手だったので、僕もそんなにコミュニケーションを取ってきたわけではない。そんな中で、ダルさんのお陰で、宇田川がプチフィーバーした。実績も含めて、誰もが知っている存在でありながら、若い選手と同じ目線で振る舞ったり、コミュニケーションを取ったり。なかなか誰でもできることではないですから」

感謝の気持ちと共に、尊敬の念が芽生えた。30歳を迎える今、将来の選手像を改めて確かめる大会にもなった。

「置かれている環境とか、心の持ち方で考え方は変わると思うんですけど、基本的に戻るのではなく、進化していきたい。プラスアルファを増やしていくイメージ。悩む決断も、もちろんあると思うんですけど、メリット、デメリットを考えているようでは遅い。最初にパッと思った方向に進むことが、僕は多いかもしれません。できないことはやらない。できると思ったことは、絶対に負けない。そういう決断を大事にしたい」

３大会ぶりのＷＢＣ制覇に大きく貢献し、美酒を浴びた。

「チャンピオンリングが増えましたね」とにこやかに笑うと「ＷＢＣ制覇は僕の夢でした。この舞台に立ってみたかった。(メジャー移籍)１年目で、簡単な決断ではなかったですけど、怪我することなく全試合に出られたのは良かった。東京ドームでは、声出し応援も再開していました。日本にプロ野球が戻ってきた感覚は幸せでした」と〝日常〟に近づいたスタジアムに高揚していた。

「今回のＷＢＣで、多くの野球少年少女たちが『野球って楽しいな』と思ってくれていれば、選手冥利に尽きますね。優勝できましたけれど、日本の野球のレベルをさらに上げていくことは大事なこと。僕も、ずっとトップチームに選ばれる成績を残す選手でありたいと心から思いました」

酔いがさめても、興奮は冷めなかった。

第2章　メジャー挑戦の意義

夢は正夢に

目指した舞台への挑戦権は〝夢の中〟で掴んだ。2022年12月7日、午前8時頃だった。手のひらサイズの液晶が何度光っても、ベッドから出ることはなかった。

「あの期間はずっと、どうなるんだろう……って考えながら夜を過ごしていました」

ポスティングシステムを利用してのメジャーリーグ挑戦の意思表示をしたものの、行き先は不透明で「どこか獲ってくれるチームはあるだろう……ぐらいの感覚で。移籍自体、僕にとっては初めての経験でしたし、なんだかソワソワしている期間でしたね」と珍しく寝付けない日々を送っていた。

ドキドキの胸中は「揺れる……というよりかは、『マジでメジャーに行くのかよ』みたいな感じ。自分で自分に聞いていました。現在地がわかっていなかった。不思議な感じでしたよ。本当にバタバタしていたので」と、地に足がついていない様子だった。

その日は母校・青学大のグラウンドに練習へ行く日で、8時30分出発が予定されていた。「決まった通りの時間で、7時50分くらいに起きたんです。それで、よく寝れたぁ～と思っていたら……」。着信が5、6件、入っていた。携帯アプリの小さな緑色正方形の右上に光る、赤い数字に触れた。開かれた画面に着信相手の名前が映し出される。「衝撃的でした。え、もう？　という感じでした」。交渉解禁初日、代理人のスコット・ボラス氏からの連絡だった。パジャマ姿で、眠たい目を擦った。カッと見開いて、折り返しの電話を入れた。

通話先の声は、やけに大きかった。「マサ！　どんな契約を希望しているんだ？」間髪入れずに「3年契約。1年10ミリオンくらいで行けたら最高ですね……」と変わらぬ答えを返した。挑戦を決めた際、客観的に自身の価値を見極めた数字を改めて伝えた。

すると、海の向こうから電波に乗って流れてくる「回答」は弾んでいた。

「5イヤー、ナインティミリオン！」

寝起きの脳内をフル回転させても、理解が遅れた。

「え……？」

しばらく、空いた口が塞がらなかった。

「まず、お金の換算の感覚が全くわからなかったです（笑）」。5年契約だと即座にわかったが、自身の価値が上がったのかまでは到達できていなかったと、振り返る。

数秒後には「マサ！　契約を飲むか？」の声が聞こえた。時計の秒針を見つめながら、クエスチョンマークが浮かんだ。「その日は9時からボストンとZOOMミーティングで、10時からは他のチームと話し合う場もあったんです。え、今日ZOOMミーティングじゃなかったのかな？　と頭の中で確認しました。しかも、あと1、2時間ぐらいで始まるやん……って。テンパってましたね、完全に」。まるで現代の〝就活生〟が近代面接を受けているかのようなやりとりだった。

驚きの大型契約

5年推定120億円以上の超大型契約――。日本人野手史上、最高の契約だった。

「金額も、ものすごい評価なんですけど、5年っていうのが本当に嬉しかったです。もう全然お世辞とかじゃなくて、本当に僕自身が一番ビックリしているし、僕が逆の立場でも払いすぎだろ……と思うぐらいの良い契約をいただきました。この年齢で5年。本当に僕は3年、メジャーでプレーできたらいいなと思っていたので。僕も、ある程度の額になったから、ちょっとプレッシャーはありますよね（笑）」

敏腕の代理人にも感謝を忘れなかった。「後々に聞くと、ボラスさんの勝算がすごかったみたいでした。僕の中ではボラスさんは釣り上げていくイメージだった。でも、それを今回しなくて、即決。たくさんの細かいデータなどを資料に、交渉してくれたみたいです。データを見てシンプルにこの数字は高い。普通では出せないと言ってくれていたのが嬉しかった」。ボストン・レッドソックス、吉田正尚が、誕生した瞬間だった。

「メジャーの市場がホームランからコンタクト率に変わってきているそうです。そういうバッターを探しているチームが多い。ホームランだけじゃなく、コースでヒットが打てる選手。ボストンファンは勝ちたい気持ちが強いと聞いて、さらに燃えました」

クリスマス目前のビッグプレゼントに目を細めた。

「寝て起きたらサンタクロースが来るじゃないですか？　僕の記憶ではミニ四駆が枕元に置いてあった覚えがありますね」。福井の実家で、大きな箱を開け、すぐさま動かした。かつての楽しいクリスマスは30歳を迎える今、想像を絶するものになった。

「メジャーで勝負してみたい気持ちはプロの世界に入ってから芽生えました。ある程度、試合に出させてもらってからですね。全試合に出たプロ3年目ぐらいから。その後、大学時代に続いてジャパンのユニフォームを着させてもらった。国際大会を終える度に、やっぱり、メジャーにチャレンジしたいなと思うようになりました。ただ、チャレンジしたいと言っていても、結果を出し続けていないと周りは認めてくれない。その気持ちは変わらず持っていた。そういうところで本当に気がつくんです。オリックス時代も1打席1打席無駄にせず、やってきて良かったなって」

日本のプロ野球に入るときと、メジャーリーグに入る心境は少し違う。

「例えば高校とか大学のとき、プロに入るために『ここで打たないとあかん』って場合がある。だけど、メジャーに行きたいから、ここで打たないと……はないんです。毎日、結果を残す。それが信頼につながる」

ＮＰＢ通算は７年間で７６２試合に出場。８８４安打を放ち、打率・３割２分７厘――。

「良かった年も、もっともっとできたんじゃないかと思うんです。基本的に満足することはほぼない。上には上がいると思う。自分がトップに立ったという認識は全くありません。ハングリーさというか、反骨心がなくなったら終わりかなと思っているので」

日本野球界で生涯を過ごせば、相当な数字が残せた可能性は高い。

「その選択肢は僕にはなかったですね。僕の本質は結果の積み重ねの部分じゃない。その日のベストを尽くすこと。その継続、進化です。最終的な結果がそうなりました、というのが一番いい。通算打率なども記事でチラッと見たら気になっていましたけど、それは参考資料ぐらいの感覚でした」

表面上の数字よりも、欲しかったものがある。

「僕が自分と向き合って、真剣に求めたのは『大きな夢』を叶えることでした」

死ぬ気で叶えようとしてきた目標だからこそ、胸を張って言える。

買えない経験

今回の挑戦は、海外FA権ではなく、ポスティングシステムの利用。叶えるべき夢をサポートしてくれた周囲への気遣いは、決して忘れなかった。

「もちろん、チームのこと、家族のことなど、たくさんの要素を考えてきました。ただ、個人的には『自分が描いてきた夢を叶える』。そのことだけを考えて行動してきました。良い経験はお金で買えない。もっと言えば、誰でも簡単に手に入れられるものではない。努力して、そのことを究極に好きになって突き詰めて……。そういう人間になりたい。そして、そういう人間でありたい。僕にとって、それが野球でした」

ボラス氏との国際電話を終えると、妻・ゆり香さんに伝えた。

「ボストンになったわ」

2人の娘の寝顔を見ながら、吉田夫婦の新たな挑戦が始まった。家庭内で「メジャーに行きたい」と公言したことは一度もなかった。「妻は、僕の夢を知っていたと思います」。

常に寄り添うパートナーは、そっと背中を押してくれていた。

「野球選手である以上、年齢的な問題もあった。メジャーに挑戦するのであれば、30歳までに……と実際、考えていました。ここ何年かしか、チャンスはないだろうな、というのは妻も理解していたと思います。僕の考えを優先して、応援してくれているので感謝しかないです」

ともに歩み、喜びを分かち合える夫妻が、渡米の覚悟を決めた。

日本シリーズ終了直後から、携帯電話に届く連絡が止まらなかった。日本一を祝福するコメントや、シーズンオフの約束。さらに、契約関係のメッセージが鳴り止まなかった。

「あの期間、あっという間に時が過ぎて……。早めに（移籍先が）決まると、やっぱり一安心じゃないですけど、そういう気持ちがありましたね。本当に色々ありすぎて『あれ？　この前、あの人が言っていたこと、誰のことやったかな？』と。一致しないことが結構多いんですよ。あれ？　誰が言っていたっけな？　みたいな。もう本当、いろんな人と出会って挨拶して……」

唯一のリフレッシュ期間は12月22日からの1週間と設定していた。「家族でハワイに行く予定を立てていました。1回、休憩だなと。そう言っても、結構、向こうではアクティブに動いていたんですけどね（笑）」。大型契約が、交渉解禁初日に決まったからこその家族旅行だった。「それも最初、ボラスさんに言っていた。それで早く選んでくれたのかな（笑）。今思ったら、結構、日程のことも気にしてくれていた」。家族サービスへの配慮だったかもしれない。

ハワイでは、妻と他愛もない会話で旅行を楽しんだ。

「アメリカに行ったらやるしかない。『誰もができる経験じゃない』というのは妻もわかってくれているから、前向きに応援してくれています」

心強い味方は、いつも一番近くにいる。

話せない英語

家庭には2歳と1歳の娘2人がいる。

「僕も妻も英語が喋れないので、そこに不安はありました。まだ娘が幼いので。その部分は少しネガティブなところが残りました」

話せない英語は「(日本で)勉強はしないですね。もう向こうのノリというか、雰囲気で覚えていく感じですね」と意欲を見せる。

「何もわからない方がいいときもある。ブーイングとかもあるそうだから、聞こえない方が傷つかない(笑)。ただ、一緒にご飯を食べていて意見交換したいときは話したい。今は便利だから携帯でもできるけど、単純なコミュニケーションを取りたい。あっちに行ってから少しずつ〝実戦〟ですかね。平野(佳寿)さんも、全く喋れなかったって言われていました。契約とか、そういう難しい場面は無理でしょうからね……記者会見とか」

12月16日（日本時間）。レッドソックスの本拠地、フェンウェイ・パークで、入団会見に臨んだ。

真新しい「7番」に着替え「マサタカ・ヨシダです。初めまして。英語を話せません」と〝英語〟で自己紹介した。高い注目度から、現地メディアも興奮気味に質問を繰り返す。

「入団会見、緊張しました。まだ続くのかぁってぐらい、興味を持ってもらえた」

激動の1日だった。案内されて、控え室などで球団幹部らと談笑するかとイメージしていたが「え、マジ？　ってくらい速攻で（会見が）始まった」と翻弄されていた。

「言い訳じゃないですけど……日本って、ああいうときって大体、待合室みたいなのがあるじゃないですか？　アメリカでは、ずっと下（グラウンド付近）でいろんな人と喋っていて『この人、誰だろう』と思っていたら、いきなり呼ばれてスタートしたんです」

早速、文化の違いに気がついた。「日本だったら、ちょっと休憩して、ネクタイとか確認してから『はい、10分後行きますよ』とかじゃないですか？　向こうでは、ずっと喋ってて、いろんな人を紹介されて、挨拶して……」。

〝給水タイム〟が欲しかった。「喉が乾くじゃないですか。訳もわからず、めちゃくちゃ喋ってんのに（笑）。球場案内されて、説明受けて、そのまま、行くよー！　って感じでしたね。最後の方は喉、カッピカピ。マジでちょっと、飴を探してもらおうかって本当に1回言おうと思った」と、白い歯を見せた。

本拠地となるスタジアムを初めて見た感想は「屋外やなと。もう本拠地がドームじゃないんだなと感じました」と笑いを誘った。左翼後方には名物の〝グリーンモンスター〟がそびえ立つ。高いフェンスを確認し「あれを越えるのか……」と絶句した。さらに、球場案内では観客席からフィールドを見つめた。「本当に野球が見やすいなと。僕は内野スタンドから雰囲気を味わいました。『ボールパーク』という感じがわかった気がしています」。

数カ月後、この席に座ったボストンファンが「ヨシダ！」と叫ぶことは、まだ知らなかった。

メジャーには鳴り物の応援はない。スタンディングオベーションで拍手が湧く。

「僕は、もう、置かれた状況で。その雰囲気を楽しむ。気温だったり、高低差も考えて臨みたい」。記者会見が行われた直後、大型ビジョンに「MASATAKA YOSHIDA 7」と紹介された。「想像は膨らむばかりでした」。躍動を誓った。

入団会見を終えると、ボストンの街を探索した。

「ちょっと行っただけでも文化の違いを感じましたね。街は歴史ある雰囲気を感じました。僕はヨーロッパ旅行の経験があったんですけど、その雰囲気に似ているなと感じましたね。住んでみたら、どう感じるのかも楽しみでした。話したニュアンスと伝わった言葉が少し違うことも経験できた」

オリックス在籍時、日本野球に挑戦する助っ人たちと積極的にコミュニケーションを取っていた。通訳たちと一緒に食事に向かうことも多々あった。

「ロメロ、マレーロ、モレル、そしてジョーンズ。僕は本当に成功や失敗に関係なく、異国の地でプレーしている選手をリスペクトしてきました。日本でプレーしていた助っ人の選手たちを心から尊敬してます。野球の面を含め、生活の違いでも、相当な苦労があったと思う。僕はこれから、これまでの助っ人の苦労がわかるかもしれない。そういう体験も初めてなので、不安もありながら楽しんでいきたい」

新しい環境に飛び込む。プロ入り以来の〝新入生〟には、シンプルな秘策があった。

「やっぱり、しっかりと目を見てコミュニケーションを取れたらいいなと思ってます。僕も人見知りで苦手なんですけどね」。息をつくと「吸い込まれそうじゃないですか、グッと見つめられると、魂まで取られそうになる」とジョーク炸裂で笑う。

「僕、外国人選手と絡むことが多かったんで。彼らは必死に喋ろうとしてきた。ロメロとかマレーロとか、明るかったんでね。最初に壁を作るとダメなんでね」

7年のプロ生活で学んだのは、グラウンド上のことだけではない。

実家に貼った2人のポスター

いざ、夢舞台へ――。幼少期にテレビで見ていたダイナミックなプレーが目の前で起こる。ドキドキとワクワクを胸にしまう。

「どんな球を投げるんだろう、どんな打球が来るんだろう、どんなプレーが見られるんだろう……ってね。もちろん、日本のレベルが低いとは全く思ってないです。ただ、メジャーとの違いというのは、その場に立った人しかわからない。あの雰囲気、ベースボールと野球の何が違うのか……。自分の目で見て確認してみたいんです。それが小さい頃からの夢だったから、なおさらですね」

実家にポスターを貼って応援していた選手が2人いる。

「イチローさんと松井秀喜さんです」

日本を代表する世界的な〝ヒットマン〟と大迫力の〝ゴジラ〟の打棒に魅了された少年時代だった。

「小学生の頃に見た、松井さんのホームランは、すごく覚えていますね」

巨人、ヤンキースなどで活躍した松井秀喜氏はNPB10年間で332本、MLB通算10年間で175本の日米通算507本塁打のアーチスト。左の強打者の打撃を画面越しに見て、何度も驚いた。

「あと、バリーボンズをよく見ていましたね。場外ホームランを打って、海までボールが飛び込む映像に衝撃を覚えました。だって……ファンが船に乗って、試合前からホームランボールを待っている。なんだこれ！　くらいのインパクトのある映像でした」

次は自分が、少年の頃に見た「勇姿」になる。

「心から喜びを感じています。自分のベストを尽くして、少しでも野球少年少女に感動を……と思っています。全力で頑張ります」

常に姿勢を崩さないのが、この男の特徴でもある。感情の浮き沈みこそないが「今回の移籍は本当に良いタイミングだった。だからこそ、結果を出さないといけない」と気を引き締める。心に誓ったことがあった。「メジャー挑戦1年目は日本ベースのままいく。まずは勝負して、戦ってみて、どう感じるか。今の自分がどこまで通用するのか。思いきりぶつかってみたい」。計画は壮大。自らの現在地を確かめるため、ルーキーイヤーを迎える決断を下していた。

「僕のイメージですけど、アメリカの投手は、ある程度のゾーンでパワー勝負をしてくる。それを弾きたい。良い場面で。僕は迷いなくスイングできる準備をするだけなので」

情景を浮かべ、胸を躍らせた。

相棒の存在

「公算」は横浜の夜、確信に変わっていた。21年の東京五輪、決勝。8月7日、アメリカの先発投手は日本ハムやソフトバンクにも在籍したニック・マルティネス投手だった。

決戦に勝利し、悲願の金メダルを獲得。すぐ〝イケ〟に連絡を入れた。

「イケ、明日、新大阪に迎えに来て」

送信先は、青学大時代からの専属マネジャー池田卓巳さんだった。2学年下の〝イケ〟を、当時から可愛がり、もう10年目を迎える。

「一緒にいると楽な存在ですよね。僕の面倒も見てくれますし（笑）」


池田さんは〝付き人〟でありながら「パートナー」だった。「僕のすべてを知っている人間だと思います。青学大の3年でイケと出会った。2歳差。結構、共に行動していましたね。イケは優しいですよね。今でも付き合いがあるのはすごく良いこと」と絶大な信頼を置いている。

「入学したとき、高校野球とは違って『自由』が増えた。そんなときに『道を外れれば俺やばいな。（野球人生が）終わって田舎に帰るな』みたいな感覚がありました。そのときにイケと出会いました。よく洗濯物を干してもらっていた(笑)。後輩の中でも話しやすかったですね。逃げ出してもおかしくなかったのに（笑）。こんな僕の相手をしてくれて、今でも感謝しかないです」

10年ほど前の記憶が、鮮明に蘇った。8月8日、新幹線に乗って、新大阪駅に到着。運転席で帰路を待っていた〝イケ〟に、人生で初めて「夢」を明かした。

「俺、本気でメジャーに挑戦したいと思う……」

快調に進む、新御堂筋。車中に流れるメロディーさえ聞こえなくなるほど、イケに緊張が走った。「もちろん、メジャーに行きたいのは知っていましたけど、正尚さんは全然、口にしたことなんてなかった。あのとき、初めてちゃんと言ったんです」。見せてもらった金メダルよりも、左後ろに座る〝先輩〟が輝いて見えた。

それぞれの決意

言葉で表現したことは一度もなかったが、頭の中では計画を立てていた。

「僕の中ではFA権を獲得してメジャーに行くイメージが膨らんでいた。だから、今回のWBCに選ばれて、自分の存在を世界に知ってもらえるように活躍して、頑張っていくというプランだった」

ただ、30歳の壁が見えてきた。「契約の関係もあるし、タイミングも難しい。誰もが『行きたい』と言って、立てる舞台ではないので。特に大卒・社会人。結婚して家庭を持ったら、もっとそう。何人も諦めざるを得なかった選手も知っているのでね」。東京五輪では、1年先にメジャー挑戦したカブスの鈴木誠也から「情報収集」していた。

さらには〝残留〟を決めたソフトバンク・柳田悠岐の思いも聞いた。

「正直なところ、曖昧ですけどね。みんな、それぞれの考え方がある。オリンピックのときにギータさんと話したんです。決勝、アメリカとの対決だったんで『海渡ります』って冗談で」。笑いを誘ったつもりだったが、柳田は真顔だった。

「ギータさんもね。最後まで考えたけど、挑戦できなかったっていうのも聞きました」

柳田が真剣な表情でくれた言葉は「行けるなら絶対行った方がいいって、後押しをしてくれた。そういう意味で、後悔はしたくないなと。チャレンジした人にしかわからない経験を、僕はすごくリスペクトしている。だから、挑戦してみたい気持ちが強くなりました」と、先輩の後押しに頭を下げた。


新天地への移籍は「リスク」が伴う。「ある程度、日本にいたら流れもわかる。要領だってわかるんですけどね。アメリカに行った場合、わからないことしかない。街もそうですけど（生活の）ルーティンに関して、もう1回、最初から作っていくことになりそうなので」。行きつけのご飯屋さんもなければ、理髪店だって変わる。何より、自身の「居場所」を探す日々がスタートする。

「もちろん、チームの団結力や結束は必要と思います。ただ、野球は『個の集合』でもある。そういう意味では自分の力を高めて、競争に負けないようにしないといけません。日本のプロ野球もレベルが高いですけど、やっぱり、ベースボールと言えばMLBが一番大きな舞台。それは、全世界のスター選手が集まるからです。アメリカ人だけじゃなくて中南米からも、全ての地域のトップが集まってプレーする舞台。僕も、そこに参戦できる権利をもらえた。何があっても、クヨクヨしていては強くなれない。自分の力を信じて、日々、結果と向き合うこと。そういう戦いの場に『挑む』という決意をした」

偶然の産物

故郷の福井県・麻生津小学校6年のときには、卒業文集に将来の夢を「大リーガー」と強く記した。「プロ野球選手」と書く友人が多い中、なぜ「大リーガー」と書いたのか。

「なんでだろうね（笑）。自然と見ていたからじゃないかな。やっぱり、あのダイナミックさというか、豪快なところに憧れたんだと思う」

〝偶然の産物〟もある。

福井県では巨人や阪神のプロ野球中継が毎日、放送されるわけでもなく、当時は野球専門の放送局があったわけでもない。「たまにパ・リーグの中継もやっていたかな？　僕はメジャー中継に夢中でした」。描いた夢に向かって、グングン突き進んだ。時には挫折し、自力で乗り越え、また壁にぶつかる。そんな険しい道のりを歩み、辿り着いた。

挑戦の決断は、目を見て伝えた。

「両親には1回、会いましたね。いつ帰ったかな……。シーズンが終わって、CSが始まる期間ですかね。お墓参りのときです。そのときに『チャンスがあれば、もしかしたら行くかもしれない』と伝えましたね。もちろん、球団とも話す前でしたし、ポスティングの許可をもらえてなかったので『え、そうなの？』というぐらいの表情でした」

息子の決断を、両親は温かく見守り続ける。

「高校を選ぶときも、大学を選ぶときも、僕は、ほぼ自分で決めています。両親はそういう方針なので、本当に応援してくれているって感じですね」

伸び伸び育つ愛息子を、影で見守っている。

好きが仕事に

ドラフト会議でオリックスから1位指名されたときは、安堵の表情を浮かべた。

「他の仕事に就く自分が、全く想像できなかったんです。サラリーマン……。僕は、じっとしていられないし、就活は多分、面接や筆記試験でダメだろうな（笑）」

頬を緩ませると、深い言葉を発信する。「人間、興味あることしか頑張れないじゃないですか？　僕はそれが野球だった。じゃあ、頑張るしか方法はないんですよね」。〃何かひとつ〃を極める。「投げるのも走るのも好きだけど、そこまで自分に向いていないと感じていたので……」。打撃を極めると、誓った。

働いて、お金を稼ぐ感覚を味わったことがなかった。

「アルバイトをした経験も、僕にはない。小さい頃はコンビニの店員さん、いいなって思っていました。なんか（商品を）貰って、食べられそうじゃんって（笑）。接客業も、商談もやってみたかったことではあります」

打席では鋭い眼差しが、綺麗に輝く。

「好きから仕事に変わった。だけど、好きなものだという認識は変わらない。でも、仕事になったから責任が増える。負けたり、打てなかったり……そこは申し訳ないです」

念入りにマッサージを受けて筋肉をほぐすのは、自身への投資だという。

「ケアしないと良い結果は出ない。これは個人事業主の考え方かもしれないですけど。勝負に年齢は関係ない。年下でも結果を残す人は、そうなるぐらい頑張っている。その人の努力。人と同じことをやっていても、才能が飛び抜けることはない。いろんな人の考え方を聞いて、最終的には自分に落とし込む。自分が納得できるか」

だからこそ、休日は野球から少しだけ離れる。

「ヒントは意外なところにある。新しい発見をして、使うか使わないか。全部を取り入れてはダメ。結局何がしたいのかわからない。自分で選んでいかないと」。野球一筋で生きてきた30年間。「僕は野球でしかここまで来れなかった。他のことをしても才能はないと思っています。何年もやっていると、ある日突然、ポンって名案が浮かぶときがあるんです。考える、というより、浮かんでくる。基本、ずっと野球のことを考えていて、そこで浮かんでくる。だから、他の業種で成功した人の話が気になる。特に苦労した話を聞いてみたい」。そう言って、背筋を伸ばした。

「最終的には、好きかどうか。興味を持つかどうか」

だからこそ、日々成長ができるのだという。「僕には固まった理論がない。形にはめるのは違う。毎日、絶対どこか違う打撃フォームになっていると思う」。常に自然体。ゆらりと構えて、強い打球を放つ。苦笑いで言う。

「僕を真似しても意味がないと思います。感覚の全てを僕は伝えられない。自分で探して、その人にあった最適なものがある」

ベストスイングを探し求めた地の、記憶を辿る。

家族旅行

福井に帰ると、懐かしい光景を思い出す。幼い頃の家族旅行だ。

「結局、野球でしたけどね（笑）。僕が野球、野球と言うから、両親がプランを組んでくれて。東京ドームと大阪ドームに連れていってもらいました」。東京ドームに観戦に訪れた際は「48番」が記憶に残った。「マルティネス、48番！　マルちゃん！　って言っていました」。

大阪ドームでの観戦した記憶は「カブレラとローズ」。西武と近鉄の試合だった。「僕は結局、助っ人選手ばかり見ていたんです（笑）。そのイメージしかない。デッケーな、ゴッツいな、フライめっちゃ飛ぶなとか。こんな天井、見たことないなとか（笑）」

スタジアムツアー以外の思い出は「家族全員で、神戸の船に乗って、ご飯を食べた記憶もありますね」と前髪をかき上げた。そんな格別なメモリーが残っているからこそ、娘2人には「良い経験をたくさんしてほしい」と願う。

「上の娘は、かなり言葉を話せるようになってきた。インターナショナルスクールに通っていたので、英語の方が多いんですけどね（笑）。環境的にも、確実に僕より話せるようになると思う」

グローバル化した社会に「適応」する存在になっていく中、「新たな問題」も危惧している。「反対に日本語が……ってなったらどうしようかと。あっちに行けば、自然と英語を話せるようになるからね。日本語を喋れるけど、読み書きができなくなるという話もよく聞きますもんね」。珍しく困り顔を見せた後は「家で嫁さんが日本語塾をやらないとダメですね」と白い歯を見せた。

直後、また新たな異文化に気がついた。

「メジャーリーガーって、〇〇ジュニアって多いじゃないですか？　日本はあんまりいないから『〇〇2世』って目立っちゃうんですよね。メジャーって子どもを球場に呼んだり、ロッカールームで1日選手体験をしたりして、経験値の積ませ方がまったく違う。寛容というか。受け入れる能力、受け入れてもらう能力がある。白人でも黒人でも、そんなの関係なく、いきなり抱きついてくる（笑）。そんな環境だから成長も早い。大きく育っているから、心が広い」

娘たちにも〝何かひとつ〟夢中になれるものを見つけてほしい。自身の活躍と、娘の成長に重なる部分がある。「楽しみですよね。服のサイズが変わる度に『国際結婚したらどうしようか』とか、考えちゃいます」。照れた顔を見せた後は「実際、僕も2歳の記憶はないですもんね。4歳、5歳のことは、チラッと映像が頭に残っているかな……ぐらい」と28年前の自分と比べる。

インターナショナルスクールに通っている環境が、プラスに働く。

「良い意味で状況理解ができていないというか。少し大きくなったら、人見知りとか、環境の変化で苦労することってたくさんあると思うんです。でも、今は全てを脳が受け入れて『NO』が言えない時期。だから、自然と輪の中に入れるかもしれないですね」

2歳の娘に送った視線は、紛れもなく「父親の顔」だった。

第3章　己の肉体と向き合いながら

増えた傷跡

筋肉のつきが良い体格から「マッチョマン」の愛称で親しまれる。ただ、どっしりした軸のある分厚い体ながらも「僕は体がそんなに強くないですよ、あれはキャラクターじゃないですか?」と笑って謙遜する。太い二の腕を触りながら「自信のあるパーツはないかな……。僕は身体能力がないので、トレーニングも弱いですよ」とポツリ。そう言い放つと、当時を回想するかのように目線を上げた。

オリックス在籍時、本拠地の得点圏で打席に向かう際は、VILLAGE PEOPLEの『Macho Man』を流して、ファンを「HEY、HEY♫」と沸かせていた。「盛り上がりがハンパなかったですよね」。冷静に打席へ向かい、投手との対戦に集中するのだが、スタンドにも目線を送っていた。

大型ビジョンでは、かつての背番号「34」だったスロットがクルクル回転し「7」が揃って、ビンゴが完成する様子が描かれるなど、エンターテイナーとして楽しませてきた。応援スタイルも、メガホンに加えて「応援ダンベル」が採用された。空気で膨らます〝マッチョダンベル〟は初代が赤色で、2代目が黄色。3代目は……。「赤、黄と来て、次は青かな……？　と勝手に思っていました」。オリックス最終年は「王者の金色でしたね」。連覇&日本一への「最終章」は〝予言〟されていたのだった。

今でこそ強靭な肉体だが「僕の野球人生、怪我はつきものでした」と、しみじみと振り返る。右肘、腰、両足首には手術を受けた、かつての「傷跡」が刻まれている。

そんな「マッチョマン」が、人生で最初にした大怪我は〝飛び降り〟だった。

小学3年時に、校舎の階段から無邪気に大ジャンプ。着地に失敗し、骨が折れた。

「当時ね、学校で流行っていたんですよ、どっちが何段、飛び降りられたかという勝負が。そのときも負けたくない一心でしたね（笑）。思いきってジャンプしたら、右足を骨折してしまって……」。怪我への警戒心が極めて強いからこそ、衝撃の告白だった。

その次に痛めたのは「右肘」だった。ボーイズリーグで硬式球を扱い始めた中学1年の夏。投げた瞬間、少しの痛みと違和感がした。

「ちょっと投げるのが怖くなって、時間を置いてみたんです」。じっと考えた結果、秋を迎える前に手術を受け、冬はリハビリ生活を中心に「体力強化」に努めた。

「ちょうど、タイミングが良かったのかなと。福井は雪が積もって、冬は野球ができないので」。主にランニングに取り組むなど、地道なトレーニングに専念した。

「ある意味、ゆっくり休めたんですけど、半年ぐらい投げられなかった時期。やっぱり、野球やりたいなぁと思っていましたね」

患部は癒えたが、3年後、新たな「痛み」と出会ってしまう。

「高校1年まで、キャッチャーをしていたんです。その後、外野手になった。ただ、高校の最後に肩を痛めてしまって……」。高校野球は指名打者制度がないため、ファーストを守ることもあったが「塁間も投げられないときがありました……」と振り返る。

青学大への進学が決まっていた、高校3年生の冬。

「肩は痛いけど、練習をしないと次のステージで活躍することができない」と真剣に悩んだ。高校3年の夏は甲子園出場を果たせずに引退。「悔しかったですよ。同じ学年の選手が、聖地で頑張っている。躍動している姿をテレビで見て、俺も出たかったなぁ……とか。そうは言っても、現実はそうじゃないので、次のことを考える期間でした」。運転免許センターに通い、待合室の画面越しに、同級生の活躍を見た。自然と感じたのが「プールとジムに通おう」という気持ちだった。


土埃にまみれる同級生を映像で見ながら、週に3、4回通ったプールとジムで〝奇跡〟が起きる。「直感が生きたんです。それしかないですよ。本当に偶然ですから」。人生で初めて取り入れた水泳トレーニングがハマり、右肩の痛みが取れた。

「なんで治ったのか、正直わかってないんです。でも、めちゃくちゃ嬉しかった。自分で考えて動いた結果、それが良かった。直感が良かったんです」

水中でクロールや平泳ぎを行い、ゆっくりと肩を回した。「骨か筋肉かはわからなかったですけど……」。どっちでも良かった。結果的に、甲子園に出られなかった期間の〝自然治癒〟に助けられたのだった。

考え始めた栄養生活

今ではしっかりと献立を決めている食生活へのこだわりは、幼少期は全くなかった。
「食は息抜きですから。当時は……ズボラっていうんですかね？　何も決めてませんでしたよ。今思うと、ダメだなって感じですけど、当時はそれで良かったんです。好きなものばかり、食べていましたね」

数秒間、考えて出てきた思い出は「ちっちゃい頃、カップラーメンを食いまくってたしなぁ。だから弱かったのかもしれんな、体が」と頬を緩める。「あの頃の僕は、お菓子とジュースでできた体だった。どこかで改善しないとね」。そんな幼少期を、さらに振り返る。

「昔、家でご飯を食べるのも好きだったんですけど……練習終わりの〝寄り道〟が大好きだったんですよね」

ニコリと続けるトークは、まるであの頃の〝吉田少年〟のようだった。

「家の近所にローソンがあったんです。そこで、おでんを〝買い食い〟するのが好きで、好きで……」。絶対にチョイスする「3点セット」もあったようで「しらたきと卵とちくわの3つは絶対でした。自分で楽しみの時間を作ってましたよね」とアツアツの懐かし話に笑顔を咲かせる。

「少年野球の練習終わりに自転車に乗ってね。友達3人と一緒にコンビニに寄るのが好きだった。僕の家はお小遣い制度だったので」

このときの「配球勝負」もプロ意識が高く「母に直球で挑んでいたときもありましたよ。〇〇〇円、欲しい！　みたいな。今思えば、悪ガキだったのかな」と照れながら頭をかいた。

「そのときは、まだ、プロになるためにどうするんだ、とかは考えてなかったですね。どこぐらいからかな？　プロになるための選択をスタートしたのは……。だけど、ずっとプロになりたい、とは思っていた。だから、練習はしないといけない、とは思ってましたよ。意識の違い……ね。青学大のときぐらいかな、やっぱり。本気でプロの扉が近いなと思ったのは」

幼少期に苦手だった椎茸も「結局、大人になると食べられるようになった」と〝天敵〟撃破に成功。30歳を迎える今では「サラダが食べたくなる」と食事の最初に必ず、野菜を口にする。妻・ゆり香さんの提案で「サラダの中でも、ベビーリーフを摂りますね。同棲をしたときからかな？　肌艶を意識して（笑）」とツヤツヤな肌を見せつける。

コンビニで「買い食い」していた当時とは考え方が全く変わり「食事がやっぱり一番ですね。サプリとかもあるけど、食べ物から摂る栄養素が一番だから。今のスポーツ選手って、親が〝食育〟していたりすると思うんですね。それも良いことだけど、やっぱり、ストレスなく、好きなものを摂り入れてほしい」と願う。

アメリカ生活にも慣れてきたが「そりゃ、毎日ハンバーガーとポテトにコーラ、とかだとダメ。でも、マック爆食いとかじゃなければいいですね（笑）。食べたいものを食べて、まずは大きく育ってほしい」と日本の野球少年少女を思いやった。

さらに数分間、回想する。

「やっぱり、何も気にしてなかったなぁ～。なんでも食べていましたよ。母のご飯を食べ終わってから、コンビニ弁当とかもね（笑）。炭酸ジュースもめっちゃ飲んでいた。食生活は全然、気にしてなかったですね。制限したことはなかったです」

中学生の頃から栄養に興味を持ち「プロテインとかは、たまに買って飲んでいました。継続はしてなかった記憶がありますけどね。ジャンキーな食べ物でも全然、気にしてなかった（笑）」と両手を挙げた。

「食べたいものを食べて、太ってきたら、自分で認識できると思うんですよね。『あ、ちょっと体が重いな』と。まずはセルフでね。自分を理解していくこと。考えて、言葉にすること。誰かに言われたことって、継続してできないと思うんですよね」

何も考えていないようで、笑顔の奥には、芯の強さが見えた。

運命を届けた1通の手紙

「拝啓、室伏広治様――」

1通の手紙が、自身のアスリート人生を大きく変えた。

2016年オフ、人生で初めて手紙を書いた。伝えたい言葉、届けたい意志はあるが、何を書いて良いのかわからず、周囲を頼った。言葉で感情を伝える難しさを知った。04年アテネ五輪男子ハンマー投げ金メダリストの室伏広治氏（スポーツ庁長官）に「弟子入り」を志願した。真っすぐな気持ちは、室伏氏の胸に突き刺さり、快く、返事をくれた。

その後に「室伏塾」に入塾。「マンツーマンで朝から数時間、トップアスリートの方に

2016年オフからはアテネ五輪男子ハンマー投げの金メダリストである室伏広治氏に「弟子入り」。さまざまなトレーニング法を学び、飛躍へとつなげた ©パムズ

教えてもらえるのは本当にありがたいです」。今では、室伏氏の考案した独自トレーニングを吸収し、自らの練習に取り入れる。

「新聞紙、最後まで握ったことある？」

その一言でハッとした。

「人間って面白いんです。グーとパーは、すぐにできる。でも、指を1本だけ動かすには、脳からの神経伝達が迅速に必要になる。新聞紙をグッと握るだけならできますけど、指1本ずつ握って、最後まで丸めたことはなかった。誰もが思いつきそうな、単純な練習なんですけど、これがまた、しんどい……。原始的な練習ほど、効果があると教えてくれますね。いつも発想がすごい。そんな意外なトレーニングができるんだ、みたいな」

ただ重いものを持ち上げるだけではない。

「結局、プレーするということは体を使う、ということ。僕はボディービルダーじゃないから、見せる筋肉じゃない。その感覚を研ぎ澄ませた」。ウエート・トレーニングも取り入れるが「基本、野球は瞬発系だと思う。競技性によりますけど、マラソンとか、サッカーとかは有酸素なのかな。野球は瞬間のスポーツ。長距離……？　僕は得意ではないです。野球選手って、ほぼ遅い人が多いんじゃないかな？」と、おどける。

「いつも室伏さんと会話して感じるんですけど、野球はものを使うスポーツなんです。陸上選手は、自分で力を生み出さないといけないかもしれないけど、野球はバットを持つ。投げるときは、自分の手で投げますけど、グローブも使ったり、ある程度の操作っていう面がある」

だからこそ、パワーの転換を力説する。「ただ単に重いものを持ち上げたから『爆発力』がある、じゃないんです。結論は『遠くに飛ばせるのか？』という問題。そこから動きに変えて、瞬発の力に変えて……。野球は一瞬の瞬発の動きだと思うんですよね」。

自称〝健康マニア〟の話は止まらない。

「野球って、ずっと動いてるわけじゃないんです。一瞬、本気で振る。そして、また数秒は休んで。時間の『間』がある」

日頃、まったりした雰囲気で話すが、このときばかりは間髪を入れない。「そういう意味ではメリハリをつけたい。トレーニングも休むときはしっかり休んで、レスト（休息）も1分とかの少ない時間じゃなくて、しっかり回復してから。僕はメニューによっては、そういうメリハリをつけてますね」。

23年の夏で30歳を迎える。「体力が落ちたとは思わない。あ、もう30歳なのか！　という感じ。疲れは……若いときもドバッと疲れていたんでね（笑）」。歳を重ねても、まだ衰えは感じない。「まだ自分のマックスに達してないと思っています。もっと強い打球を打ちたい。その気持ちはずっと変わらないですね」。強く言い切った後は「その気持ちがなくなると、もう次は違うこと考えないとダメだから……」。メジャーの地で、まだまだ奮闘しなければならない。

「最終的に、自分を諦めたら終わりかなとか思う。強さとか、その意欲、向上心がなくなると、もうダメかなと思っています」。視線を上げ、遠くの1点を見つめた。

養うべき感受性

出国前、どうしても室伏氏に、今回のメジャー移籍で聞きたかったことがあった。

「結局、何食べたら良いんですか？」

環境が変わり、食生活にも影響が出ると思って聞いたのだが、素直な質問への〝回答〟に、少し困惑した。「うん、欲しいと思うものを感じる力を養おう」。会話が一瞬、止まった。

「それはちょっと難しいな……と。じゃあ、コーラを飲みたかったら飲んで良いのかな？

と思いました（笑）」。そう言っても、真剣に考えるのが、この男の長所だろう。

「でも、あれかぁ。それは糖分が足りてないって自分が判断したってことか？　みたいな。正解はわからない。だけど意味が深い。アメリカで答えがわかるのかな？」

さすがのヒットマンも、次元の違うトークに翻弄された。

ただ、室伏氏を尊敬する類の会話だったことには変わりない。

教えを請う理由は「あの人は競技の実力だけではない。心の余裕、懐の深さがすごい。体も大きいですけど、心も大きい。話をしていても、どこにヒントが隠されているかわからない」と明かす。だからこそ、どんな話でも「ヒントにならないかな？」と探る。

「今も室伏さんに相談して、練習メニューを考えています。地味に見えるトレーニングこそが全て。室伏さんは世界と戦う上で、ゴツい選手に勝てない、となった。そこで、自分が使えてない体の部分を探した。もっと力を発揮できる、と自分を信じて、練習に励んだそうです」

体格に恵まれたとは言えない自分に、通ずるものがあった。

どんな日も心掛けていることは「8時間は寝る」ことだ。大興奮のナイターゲームから帰宅しても、眠れない日はない。

「8時間しっかり寝たいなというベースはある。7、8時間は寝ないと、翌日に支障をきたす可能性も高くなるので」。生活の軸は、異国の地でも変えない。

「簡単に言えば、食べる、寝るをしっかりやっておく。そうすれば体は動く」

完結にまとめた後、日々鍛錬を積む理由は「怪我をしないようにベースを作る。そこから部位を強くしていく。掘り下げるという感じ」と説明する。


準備運動の段階で「最初のモビリティーでね。トリガーポイント、ほぐすところをほぐして、自分の体を理解しておくことですね。室伏さんも言っていたけど『トレーニングよりもケアが大切』なんです。室伏さんは長年、最前線でハンマー投げをされて、歳を取ったときに感じたはず。若いときは『筋肉番付』に出演して樽を投げたり、ロープでトラックを引っ張っていたり……。バンバントレーニングしていたイメージでしたから（笑）」。

幼少期に夢中になって見ていた人気番組に出演する人に自主トレを〝懇願〟するとは、思いもしなかった。

今回の「挑戦」を師に伝えると「素直に嬉しい。応援しているよ、と言ってくれました」。室伏氏が、あまり多くを語らなかった理由がある。

「人生は経験の連続だから、自分を信じて頑張ってきて！　と。肌で感じて、もがいてみろ！　という感じでしたね」。自然とトレーニングにも熱が帯びた。「室伏流」のトレーニングで再認識できることは「昔はガムシャラに（スイングの）ヘッドスピードを上げたいと思っていた。でも、トレーニングの種類も増えて、方法を教えていただいて、段々と理解するようになってきた」という。

師と門下生たち

合言葉は2つある。「トレーニング強化」と「パフォーマンスの質を上げていく」ことだ。

「何のためにその練習が必要なのかを考えること。全部、野球のため、打撃のため。怪我をしないためでもあるけど、結局、自分の体を上手に扱えないと出力も上がらない」

1月に行う沖縄での合同自主トレでは後輩たちに伝達した。

「ただ単に重いものを持つのは違う。正しいフォームで、何を目的にしているかが大事。コツは力の入れ方です。全身を使いたい。僕のトレーニングは、体の動かない部分の神経を起こす作業なので。同じトレーニングばかりだと、そこしか強くならない。デカくするだけなら良いけど。使われてない部分を起こすためだから」

オリックス・佐野如一、来田涼斗、ロッテ・藤原恭大、DeNA・小深田大地、阪神・遠藤成、広島・木下元秀らの〝門下生〟は、深く頷く。

そんな後輩たちを見て「簡単にできてもらっても困りますけどね」と笑い「少しずつ発見して、自分のものにしてくれればと思う。若い子たちとの自主トレは楽しいし、僕にとっても新しい発見がある。自分1人だけで黙々とやるのも、もちろん良いとは思うんですけど、いろんな人のスタイルを見て、改めて感じることがある。自分がみんなに説明する中で新しく思うこともあるから、視野も広がる」と学ぶ姿勢を忘れない。

若手の未来を想像すると「僕にはもう、その可能性はないですけど……」とポツリ。「彼らは身体能力＋頭が使えたら、スーパースターになる。僕は身体能力がない分、そこをカバーしないといけないと、ずっと考えてきた。野球はものを使うスポーツなので、技術も。その使い方で、足りない部分をサポートしてもらうんです」

勝つために探す。「何が自分に足りないのか。まずは自分を知ること。人任せではいけない。活躍するために必要なベースは何か……。パフォーマンスを出すために考えた方が絶対いい」。まだまだ、答えは見つからない。

最善策は自分で考えるべきだが「偶然の産物」もあった。

「朝はストレッチを念入りにして、試合後に治療（マッサージ）を受ける選手が日本は多いですよね。僕は違います。試合が始まる前に治療を受けて、試合後は自分の打撃映像を確認したら、すぐに帰ります」。そのルーティンが〝当たった〟のだった。

「メジャーもそう。試合が終わったらすぐに帰って家族に会う。運もありますけど、そっちの環境にしておいて良かったかなと思いますね」

試合前に受ける治療の前後には〝仮眠〟をとる。

「ちょっとね、脳をスッキリさせるんです。蒸気のアイマスクがあるから、それをして、少し落ち着かせる。自律神経と交感神経の持っていき方が結構、野球は大事なのかなと。リラックスするときはしておかないと、ずっと自律神経がビンビンになっていると疲れもドバっとくる。試合でのパフォーマンスを上げるということは体に負担をかけることですから、自分に優しさを見せることも大切かと思います」

本番直前に脳を休ませて、一気に興奮状態に持っていく。今では、ランチで食べた香辛料が喉に引っかかっていることさえ敏感で「1つでも気になることがあれば、改善したい」と整えてからグラウンドに入っていく。

連続ティー打撃をしない理由

オリックスではプロ3年目の18年から3年連続全試合に出場した。死球での骨折や、全力疾走での肉離れなど、試合中にアクシデントはつきもので、戦線離脱した苦い記憶も残っている。それでも「僕は全試合出場に、こだわりがありました」と力を込める。「オリックスで1、2年目に怪我をして……。そういう経緯があるからこそ、試合に出続けることの大切さを知った。試合数は、積み重なって最後に評価される数字でもある。1年1年、どんな状況でも試合に出続ける。プロとしてベストな状態でいること」

自身を突き動かした「1通」もあった。

「ファンの方から頂いた手紙を覚えています。『球場で待っています』とだけ書いてあった。一生懸命プレーすることで、その方が元気になってくれたかもしれない。だから、僕はグラウンドに立っていたいんです」

福井の実家とも、シーズン中は連絡をほとんど取らない。理由を尋ねると、孝行息子が白い歯を見せる。

「試合に出ていたら、元気だ！　ってわかってもらえるかなと思って……」

徹底した体のケアは、プロアスリートの鑑だ。試合中のベンチにはクッション性のある「マイ座布団」を用意。球場ロッカールームの椅子も、腰への負担を考慮し、自分に合う椅子に買い替えたほどだった。愛車も、運転席の乗り心地を確認してから選んだとチームメートに報告するほど。「昔は『準備』ができてなかった。甘い世界じゃないと教えてもらった『意味のあるスタート』でした」。

怪我ですらも経験……。恐るべきメンタルの持ち主だった。

23年1月の沖縄自主トレではレッドソックスからプレゼントされたMLBの公式球で打撃、守備練習を行った。送球の際は「少し滑る感覚があった」とのことで「ボールが変わって、肘の筋肉が張りやすい。縫い目が細くて滑る分、少し力が入る。あんまり、この部分は張ったことはなかった」と、右肘の内側を押さえ、入念にほぐした。

野球歴25年目。今夏で30歳を迎え「年齢を感じる部分は少しだけあります。昔だったら、寝たら翌朝は行ける、みたいな雰囲気もあった。今はそうじゃない。野球に繋がることだけを考えて生きている」と真っすぐな眼差しで話す。

「若いときに怪我を〝できた〟というのが、実は良かったのかもしれませんね。だから、ケアをもっと、ちゃんとしようと、本気で今思える。特に体が強いわけではないから、怪我もしやすい。やっぱり防げる怪我っていうのは防ぎたい。(死球などの)もらった事故はね、仕方ない部分があるんですけど……。防げる怪我は正直もったいない。それはすごく理解しています」

アクシデントに見舞われたときも心拍数を一定にした。21年10月2日のソフトバンク戦で、直球を右手首に受けて骨折。優勝争いの最中、シーズン佳境で離脱を経験した。

「焦っちゃダメだけど、早く戻りたい。診断結果を聞かされた瞬間に(復帰時期を)逆算して、

『うわぁ……』とか。そりゃ、僕だって思いますよ。でも、最後の方には『また次にステップアップするために頑張ろう』って思える。そこの切り替えは人それぞれで、怪我の大きさにも関係してくると思いますけどね」

しんみりと病室を出る瞬間を思い出し、言葉を並べた。リハビリ生活はモチベーションを向上させるのが難しい。

「僕は、自分で勝手にストーリーを作ります。『ここを乗り越えていかないといけない』と言い聞かせるんです」。メンタルの持ち方も、やはり〝常人〟ではない。

「もちろん、自分のリズムです。心が折れるときもある。怪我した日は『病むわぁ……』って思う。どこがダメだったんかなぁとか、結構、原因を探りますね」

考えても仕方のない、突発的な怪我でも原因を追求する。

「結局、〝タラレバ〟のことが多いんですけどね。だからこそ、一瞬で運命は変わっていたかもしれない。防げる怪我は防ぎたい。野球人としてプレーできない時間は辛いですよね。トレーニングしていても、先が見えなくなるときは辛い。『これ本当に治るのかな、野球できるんかな』とか思っちゃいますよ」

怪我でグラウンドに立てない日々を知っているからこそ、同じ失敗はしたくない――。

プロ入り1、2年目の頃に伝えられた「金言」を今でも覚えている。

「田口壮さんですね。正尚、腰が悪いんだったらスイングは減らした方がいいと。僕、結構バットを振るタイプだったんですけど『人と比べずに。数を減らした方が正尚の場合は良い。人と違う出力だから、そのエネルギーは本番で良い』って言ってもらったんです。気持ちが楽になった言葉でしたね」


そこから連続でティー打撃はしなくなった。

「例えばですけど、ちょっとキレがないなと思ったときに3球ぐらい打つなら良いと思うんです。週の始めに、脳に指令を送る意味で。ただ、1ケース全部を打つ必要は今の僕にはないと思っています」

小さく速いスイングではなく、ロングティーなどで体を大きく使う練習に取り組む姿が目立つ。「ティー打撃で打ちすぎると、慢性的な勤続疲労がある。鍛えるときは鍛える、打撃練習は集中する。数打たないと不安になるのは、自信がない証拠だから。僕はプロに入るまでに振ってきた。そう思い込めるぐらい、打ち込んできたと思っています」。

体に染み込むスイング軌道が、その証だった。

甲子園で見た「7」の勇姿

22年9月21日、先輩・糸井嘉男氏の引退試合を見た。すべてが憧れだった。自身もシーズン中だったにも関わらず、自然と甲子園に足を運んでいた。

「あの体だし、狙えばホームランめっちゃ打てるんですよ、絶対に。練習を見ても、本当に狙って打てばヤバい。ただ、試合ではコンスタント。打率3割をベースに考えてたんじゃないかな。本当にボール球を振らないし、選球眼も良いんです」

新人年オフの自主トレは志願してグアムへ飛んだ。

「自分の理想系。穴が少ない。結果を残している選手のスタイルだった」。賛辞をやめない。

「引退試合。糸井さんの最後を見届けないと。一番最初に出会って、本当にお世話になった先輩。僕が出会う前から苦労されていると思います。ピッチャーで日本ハムに入って、本当に努力して、あの形を作って、連続で3割を打つ。日本代表としてWBCにも。本当にすごいなって思う。誰もができることじゃない」

慕っていた理由はシンプルだった。

「一緒にいるだけで明るくなる。ずっと観察だけでもいいと思うんですよね。ある程度、活躍されていた方と一緒にいるときは。何も教わってないんか？　と言ったら、そういうわけでもないですけど。トレーニングにも、やっぱメリハリがある。良い選手って。抜くところは抜く。そのあたり、プロ野球って実は意外に大切だと教わりました」

長年の経験を背中で語る「7番」に惚れた。

「考え方1つで余裕が持てる。そういうのもあると思う。糸井さんは明るいし、誰にでもちゃんと接する。人を見ない、という言い方は変かもしれませんけど、良い意味で、分け隔てがない。だから、誰からでも吸収できる。そういう存在に、僕は早めに出会えたので幸せでした」

プロの世界に入った当初に出会えたからこそ、糸井氏のすごみを間近で感じてきた。

「やっぱり、環境って大事ですよね。糸井師匠！　は冗談だけど、そういうイズムがある。プロ野球人生の1、2年目で『プロ野球はこうだ！』という人に出会ってしまうと、考え方も固まってしまいますから。糸井さんを含め、僕の周りにはそういう方がいなかった。本当に良い人と出会えているなと感じますね」

だからこそ、自身が35歳、40歳を迎える、5年後、10年後も気になってきた。

「どうなっているんだろう……？　あんまり考えはしないけど、ふと思う瞬間はあります。対応、順応……。感じる力ですよね。怪我をするかしないかのラインを読めるかも実力のうち。長く現役でいるには、そこも大切になる」。超人の涙を見る目は、甲子園に瞬いたライトで輝いた。

大発見のオルソケラトロジー

そんな中でも、先輩たちに聞きたいのは「目」だった。

「みんな、最初に衰えを感じると言われるのが、目ですよね。僕は全然、想像がつかない。見えなくなるのか、動体視力の部分なのか。どう対応するんかな。糸井さんも目だったと言っていたので……」。そう言いながらも、きっちりと「対策」は練ってきた。

「僕は裸眼で視力0・7ぐらいですね。そこまで良いというわけでもない。だから、大学時代にちょっとだけ〝賭け〟に出たことがあります」。コンタクトレンズ、もしくはレーシック手術かと問うと、嬉しそうに首を横に振った。

「オルソケラトロジーです」

微笑みながら続ける。「夜のコンタクトをしているんです。寝る直前ぐらいにつけて、朝起きて外したら、目が良くなるんです」。まさかの方法だった。

オルソケラトロジーとは、特殊なデザインの高酸素透過性コンタクトレンズを、寝ている間に装着することで、睡眠中に角膜の形状が正しく矯正されて、日中を裸眼で過ごすことができる近視矯正方法のことだという。

「青学大1年のときに初めて出会って、感動して……。世界が変わりました」

見違える世界、クリアな視界に脳が揺れた。

「裸眼で0・7なのに、矯正すると2・0ぐらい見えるんです。時間とともに角膜が緩くなるシステムだから、3日に1回ぐらい装着して寝て、朝に外しますね」

〝整った目〟で説明する。「これは決め事だから現役中は絶対、やめないですよ（笑）」。

徹底したコンディション管理で、1年でも長く現役生活を送るつもりだ。

視界の話題を振ると、意外な出来事もあったという。

「利き目は右ですけど、1回、左に変わったことがあるんです」

左打席に入るため、必然的に右目を多く使ってボールを追う。

「プロ3、4年目、春先に調子が悪くて。よく考えたら、ボールが全く見えなかった。なんか感覚がおかしいな。狂っているなと思って（専門医に）相談してみたら、利き目が変わっていたんですよね」

困惑したが「打てるようになったと思ったら、知らないうちに利き目も戻っていたんです」と明かす。そう笑っても、最終的に「自力」で結果を残せるのだから言葉がない。

全力疾走をやめない理由

人生で起きた、意外な出来事は、もう1つあった。

それは22年5月9日の新型コロナウイルスの陽性反応だった。

徹底的に手洗い、うがい、マスクの着用を施してきたが、チーム内で感染が流行し、襲いかかってきた。「インフルエンザも罹ったことがなかったので、まさか自分が感染するとは。かなり注意はしていたんですけどね。だから、勝手に自分はならないと思っていたんですけど……なりましたね」と苦笑いだった。

試合後の京セラドーム大阪の地下駐車場には、愛車を残したままだった。

「僕、38度以上、熱が出たことなかったんです。扁桃腺とかは、よく腫れるんですけど。ぶっちゃけ、あのときは39度近く体温が上がった。きつかったです」

そう表情を固めるも「僕、花粉症もあるので。比べたら、花粉症の方がきついかな（笑）」とあっさり回答するのだから面白い。

隔離期間は「もうね、家で本当にボケーっとテレビを眺めていました。ご飯を食べて、ストレッチして、寝ての繰り返しでした」と切なそうに振り返った。

ただ、超一流は自宅でも探究心があった。「テレビでスポーツニュースが映るじゃないですか？　あれって、決勝点かホームランしかやりませんよね？」と笑うと「だから、結果的に良い打ち方しか流れないんです。そのときに他の選手のホームラン映像を見て、良いなぁ、自分も打ちたいなと思いました。素直に野球ができているのが羨ましかった。早く、家を出たかった（笑）」。割り切って静養に努めても、脳内では18・44メートルの駆け引きしかなかった。

興味があるのは、マウンドから本塁までの空間だけではない。

「僕は絶対にやめませんね」と宣言するのは、一塁への全力疾走だ。

明らかにアウトになりそうな内野ゴロでも、高く打ち上げた飛球でも、必ず一塁ベースまで本気で走り切る。「基本、しっかり走るのが普通でしょ（笑）」と、何を言っているんですか？ というような表情で「僕は、トレーニングだと思って走っている。勝手にね（笑）。どうせ1本ダッシュ走るなら、しっかり走った方がいいじゃないですか。だって、1日4本、多くて5本。それが走れなかったら、9イニングプレーできないですよ」と答える。

あまり、聞かない考え方だが「タラタラ走るよりは全力でね。走るフォームも意識すれば、見栄えも良いですしね」とニンマリ。「本当、考え方の問題ですよね。そこで力を抜くのか、自分のために一生懸命、走り切るのか。自分のために、と考え方を変えたら、数秒のダッシュなんか、全く苦じゃない。イチローさんも……。引退直前でも一塁ベースを駆け抜けるスピードは上がっていたって聞いたことがありますもんね」。

どこにでも向上心を持つ、野球少年少女の〝お手本〟とは、この「考え方」にあった。

第4章 打撃の深淵へ

「綺麗な手」の理由

自宅でカラーバットを振り回して楽しさを覚え、6歳から本格的に野球を始めた。少年野球チームに入れば、上級生を相手に白球をかっ飛ばした。高校生になると、プロ入りを意識して、木製バットを無我夢中に振り切った。自らの「成長」を信じ、バットを強く握り続けた。だが、30歳を迎える今、分厚い両手に〝勲章〟は1つもない。

「大学……？　かな。もしくは、プロに入ってからですかね。両手に〝マメ〟ができたことはない。僕は全然、できないタイプですね」

ふふっと笑みを浮かべる。「血マメってね、スイングが悪いからできるんです。バットと手がグイッとズレるからです。振り方が悪かったり、軸がブレたりしているスイングだから、手に負担がかかる。変な場所に力が入っているんです。簡単に言うと〝力んでいる〟ということですね」。そう話して手のひらをパァっと見せる。

〝綺麗な手〟が打撃の根本――。

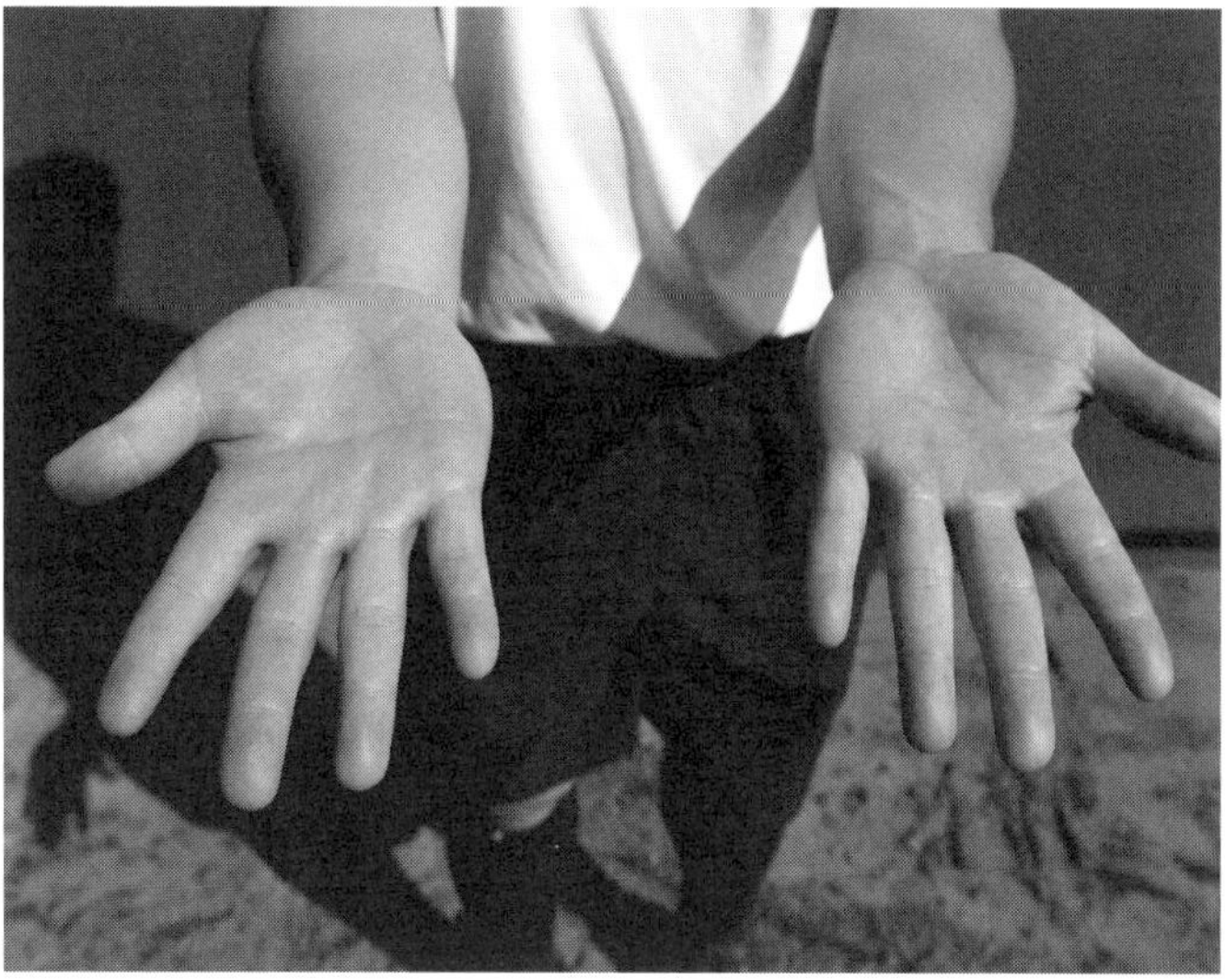

あの力強いスイングを生み出す手のひらには、ほとんどマメはない

「マメができたって喜ぶのは、努力の方向が違うかもしれませんね」。さらっと言い放ち、目を細める。「そう言ってもね、僕だって、失敗してるから、そう思えているんですよ」

必死にプロ入りを目指した高校時代のこと。連続ティー打撃で、バットをバンバン振った。

「バットと手がズレて、手の皮がビリッとなってね。マメが潰れたんです。バットがブレるから、そうなった。連続ティーは、バットをずっと正しい位置で握れてないですもんね。

その失敗があるから、今はそれはしない。手が痛くて、打席で集中できなかったので（笑）。何と戦っているのか、わからないですもんね」

練習量を減らしたわけではない。大人になるにつれ〝正しい練習量〟を、確立させたのだ。

「ただ素振りを100回するだけなら、やらない方がいい。数をこなすことは〝上達する〟ことに、イコールではないですから。それだと意味がない。同じスイングをするなら、次の試合の相手投手を想定して、ここはストレート、だとか、変化球待ちで真っすぐ対応だ！とか。やっぱり、考えることが大切なんです。イチローさんも『野球は頭を使うスポーツ』とよく言っておられる。自分の解釈では、野球バカではいけない。考えないと、と。勝手にですけど、少しずつ理解できるようになってきました」

至った結論は「バットは握らない」だった。

「僕には、バットを強く握るという発想がない。力むと本来のポテンシャルを発揮できない。だからこそ、操縦性を重視したバット選びをしている。バットは使うもの。バットに振られるのはダメ」

言葉に熱が帯びてくる。「本当に僕は、バットをほぼ握らないんです。バットをミートポイントに落とすまで、リラックスしている。インパクトに100の力で持っていくために。そこで、ポンと一緒に入れる。瞬発を生かすんです。『インパクトに100』それしか考えていません」。

マメができない両手は「握らずに持っておくだけ。最後、加速させたときにグッと握る。だから、手とバットがズレることはない。力を入れるタイミングで、バットの操作性、スイング軌道が変わってくるので」。だから打席では、リズムを刻んでいる。

「リラックスして、どこに力を入れておくのかを考える。僕はお腹に力を入れているんです。手の力は抜いて、足でトントンとリズムを刻んで、地面を感じる。ある程度、そういう軸は作りながら、緩ませて良いところは緩ませている」。ベルト位置を上げる〝ハイウエストスタイル〟は「しっくりくるように」とお腹に力を入れるための工夫。何から何まで「理由」がある。

打撃完成までの道程

練習を重ねたスイングから解き放つ、ホームランこそ「打撃の完成」と表現する。
「やっぱり、ホームランを打った日、もしくは自分の納得する打席を送れたときは、また1つ次のステージに上がっていけている感じがします。レベルアップじゃないですけど、また1つクリアした感覚に近いです」

初めての〝ステージクリア〟は、小学2年生だった。「あんまり覚えてないですけど……。夢中に走った記憶はありますよ（笑）」。そう笑うのは、豪快な一撃ではなく〝ランニングホームラン〟だったからだった。「上級生が相手だったので、そりゃあ、もう。1つでも先の塁に……って。ガムシャラに走りましたね」。かつてを思い出し、窓の外を見た。

野球を始めたきっかけは、3歳上の兄・正仁さんの影響もあった。右利きだが「僕は、ずっと左打ちですね。バットを持ったときから左でした。右で打ったことはなかったです。家で兄貴の真似して、カラーバットと紙ボールを打っていたときから。ちなみに……兄貴は両投げ左打ちでした（笑）」。まさかの環境が、のちに海を渡るまでの打者に成長させることになるとは、このときまだ、誰も想像がつかなかった。

福井で生まれ育ち、幼少期は「雪遊び」で体を鍛えていた。「だから、冬は野球の練習ができなくなるんですよね」。そんなとき、親身に寄り添ったのは父の正宏さんだった。大雪が積もった日は2人で「室内」にこもった。

「駐車場にネットを張って、簡易の室内練習場みたいにして。トスを投げてくれていました。おとんは、野球を詳しく知らないから、何も言ってこなかった。僕が打ちたいと言えば、丁寧にトスを投げてくれていた。そんな環境だった。感謝しかないですよね。だから、僕は自分が納得いくまでスイングしていました。よし！　と思ったとき、その日の練習が終わるんです」。ファンを魅了する〝神スイング〟は、親子二人三脚で取り組んだ「賜物」だった。

野球に熱中した少年時代だが、束の間の「休息」を楽しんでいた。「福井の学校は土地があって、グラウンドが広い。だから、グラウンドで練習が絶対できていたんです。ほかの部活があっても関係なかった。それで、僕は毎週月曜日がオフだったので、友達と缶蹴りとかをして遊んでいましたね」。放課後の〝遊び〟が息抜きの時間だった。「火曜から金曜は練習。その後に自分で納得がいくまでスイング。土・日は試合で本番、月曜は気持ちを切らして遊ぶ。そんなサイクルでしたね」。

火曜日から金曜日は、父との〝ドライブ〟が待っている。「練習日の後に、おとんにバッティングセンターに連れてってもらっていましたね。大体いつも、2000円分だったかな。その球数の中で、1日を仕上げる。そんな感じで毎日、打っていました」。左打席でスイングを続ける息子を、父は黙って見届ける日々だった。

「おとんは絶対に口出ししない。だから、自分でずっと一生懸命できた。誰からの邪魔もなく打ち込めた。それで探究心が膨れ上がってきたんじゃないですかね」

打撃マシンを打ち終えると、そのまま帰宅……かと思いきや「家には帰るんですけど、足りない部分の修正がしたいから、ティー打撃です。バッティングセンターが終わって、最後は家のスペースで、おとんにトスしてもらうんです」。幼少期から、1日は長かった。

鯖江ボーイズに入団すると、軟式球から硬式球に変わった。「硬式を打てるバッティングセンターは、もう少し遠くにあった。だから、中学の3年間は車に乗っている時間が増えましたね」。片道40分ほど走行すると目的地に到着。息子が打ち終えると、また40分かけて家に帰る。帰宅後は、無心でスイングする息子にトスを上げる。当時を思い返すと、ポロッと本音が出てきた。「やっぱり、好きだったんだろうな……野球」。しみじみと思い出す記憶の中に間違いないものがあった。父も夢中で野球に打ち込む息子が大好きだった。

マスク越しに養った読む力

打席での「考える力」は幼少期から身についていた。小学生の頃、初めて与えられたポジションは「キャッチャー」だった。

「任せられたから？　かな。他を守ったことがなくて、スタートからキャッチャーだった。サードとセンターも『お試し』で守っていましたね。いろいろ体験して、行き着く場所が自分のベストなんじゃないかなという感じだった」

兄の影響で小学校入学時から始めた野球。ポジションはキャッチャーだった（写真は本人提供）

小学3年生からは本格的にキャッチャーに定着。マスクを被った。「もしかしたら、そういうベースが今の配球を読む力に繋がっていたりするのかな。今でも、全打席の駆け引きが楽しいです。配球の確認は絶対にする。予測しながら打つ。でも、違ったときのことも考えながら対応する」。無邪気に白球を追った〝扇の要〟は今も、目を輝かせる。

「例えば、真っすぐ8割で、変化球2割という（配球の）割り方もする。カウントを追い込まれたら、その反対とか。どっちが来ても良いように、そこに対応できる力を技術で補わせる。1打席目の初球から、伏線を張りながら、自分のポイントで回収する。ミスショットしないように心掛けるんです」

打撃の人と思われがちだが「試合に出るためには守らないと。守備も楽しいし、打撃に繋がってくる」と、9イニングの重要性を知っている。大学、プロでは「指名打者」での出場も増えたが「基本は守備に就いて、野球のリズムを感じたい。流れを現場で見ておくのは絶対に大事。やっぱり、野球は〝流れ〟のスポーツだと思う。指名打者だと、体は楽なんですけど、頭の方が……。ベンチ裏でも動いているんですけど、試合から一旦、外れる形になってしまう」と力説する。打撃に専念できる分、動かない時間ができてしまう。「僕らは、グラウンドでマックスの力を出すためにしないといけない。守備に出ていれば、ある程度のリズム感とか、そこがわかる。指名打者は休める分、そこに持っていくのが難しいんです」。キャッチャー出身の主砲は、守備から打撃の学びを得ていたのだった。

相手が強ければ強いほど、燃える。オリックス在籍時も「対戦成績を見てもらえれば、わかると思う」と、メッツに移籍した千賀滉大(当時ソフトバンク)、髙橋光成(西武)らエース級から打ちまくった。なぜ、エース級に強いのか——。その答えは「単純」だった。

「コントロールが良いからですかね。エースと呼ばれる投手たちの球は、軌道の想像がしやすい。そこに絶対来る。イメージを膨らませて、強いコンタクトを心掛ける。勝負だから、勝った、負けたが1打席で結果に出る。時間で言えば3分もかからない。だから、その一瞬が面白くてたまらない。それに……負けず嫌いだから、すぐに結果が出る方が反省

体の動きを連動させ、緻密な計算をしながら打席に立っている吉田正尚。
すべてのことに妥協することなく、独自の打撃理論を確立した

を次に生かせるんじゃないかなと」

ＮＰＢに在籍した7年間は、エース格からの好打が目立った。「やっぱり、ゾーン意識で投げてきてくれるので。僕は投球（軌道）のラインを引いて打つ。コントロールのアバウトな投手よりは良いですね。ぶん投げるタイプの、腕を無茶振りする投手は嫌です（笑）。ボールがどこに来るのか、全くわからないから反応で打つしかないのでね」。毎打席、緻密な計算の元、バッターボックスに向かっている。

放物線でなく弾丸ライナー

ホームラン性の打球にも、質を求める。「打った瞬間のゴーン！　じゃなくて。僕の理想は、グウッと奥に伸びていく打球。最後にもう1つ、伸びていくような。外野手が追いつきそうでも、最後にガンッと離されるような打球が理想ですね」。日本一に輝いた22年で言えば、日本シリーズ第5戦で放った「サヨナラ弾ではない方」。京セラドーム大阪のバックスクリーン右の5階席にぶち込んだ特大の当たりが「会心」だったという。

理想は放物線ではなく「弾丸ライナー」をスタンドに運ぶこと。

「結果がホームランになったスイングが、自分の一番良いスイング。スタンドインした瞬間が、僕にとって打撃の完成形。強いスイングをしないと打球は飛ばないし、ホームランになんてならない。芯に強く当てないと飛ぶはずがない。周りからフルスイングと勘違いされがちですけど、ボールの軌道に沿って振り切るだけなんです」

さらに強調する。「だから……フルスイングではないんですよ、厳密には」。

強くコンタクトするスイングが、そう見えるだけで「これは僕のこだわりの部分になってくるんですけど、フルスイングって言葉は、ただ、まとめられているだけだと思うんですね。見たものをそのまま言葉にすると〝フルスイング〟なのかもしれませんけど……。僕のトレーニングをしっかり見てもらっていたらわかると思うんですけど、力づくに思いきり振っているわけじゃない。一つひとつの動作を連動させて、繋げていく。そして、大きな力に変える。だから、フルスイングとは少し違うと思っています」。よほど、こだわりがあるのだろう。温厚なヒットマンが、これだけハッキリ表現するのは珍しかった。

〝強振〟で捉えた白球を客席に届けるのが最高のパフォーマンスだという。「構え、トップの位置、力の伝え方……。ボールに対して強く、常に良い形を作りたい」。最善の形を作るため、自問自答を繰り返した。「その打席でベストスイングがしたいと心掛けている。じゃあ、ベストスイングってなんだ？　と自分に問いかけたことがあった。それは、結局、ホームランになる打球だと思った」。ホームランに繋げるため、練習での意識から徹底的に改革した。

「フリー打撃はトレーニングの1つです。言葉で表すなら丁寧に打っています。惰性にならないように。だから、しっかり強く振っていくべき。あれは打たせてくれるボール。基本、打撃練習はトレーニングの1つだから、数を多く振る必要はない。集中力も必要だから、僕は5球1セットにしています」

より実戦に近い形式の練習でさえもトレーニングだという。どれだけ快音を響かせても練習は練習、試合に繋げるために行うものだと考えるようになった。5球で1セットの理由も「1打席を想定している」という。「自分で集中できるリズムを作る。長くやりすぎても、良いことはない。レベルアップをするために何をしたら良いのか考えないと」。普段の練習から意識改革を行ってきた。

探したもの

自分に合うものを探して、取り入れる。スプレーが苦手だから、ネクストバッターズサークルで滑り止めを〝プシュー〟と使うことはない。メジャーで主流の「パインタール」を試合直前にバットの中心部分へ塗り、勝負に挑む。「スプレーだとベタベタするので、自分でロジンを付けて調節するんです。ブレント・モレルに伝授してもらったのを覚えていますね」。16～17年に在籍した助っ人からヒントをもらった。白いバットに茶色の「甘い蜜」を塗って、絶好球を待つ。「シーズンを通して、ずっと同じフォームで打てるということは、ほぼない。状態を良くするために探り、悪くなったときに早く切れるように何かを探す」と、気分転換で使った「蜜」がお気に入りとなった。

打席に持ち運ぶ〝相棒〟へのこだわりは「相性ってあると思う。しっくりくるもの」とのことで「音、振った感じ、見た目……。僕は、白木にこだわる。単純に、色が見えると打席で気になるので」と説明する。グリップエンドにも好みがあり「ずっと、もう小学生ぐらいからタイカップが好きでしたね。小指まで全部がかかって握りやすい。（グリップエンドが）細いのは苦手ですね。ヘッドが落ちる感覚があるからかな？　操作しづらい」。全ては自信に変えるため。オフにはバット工場で職人さんたちと話し合う。本当に気に入った〝相棒〟と共に戦う。

ＮＰＢの7年間で三振数は300と、かなり少ない。3189打席に立っての数字だからだ。「最終的に、塁に出るということが打席の中での勝利だと思うんですよね。何かコトを起こすために、バッターボックスに向かっています。2ストライクになれば、相手のウイニングショットを打っていかないといけない」。鋭い眼光で続ける。「選球眼は正直ね、僕の中ではわからない」と謙遜しながらも「トラックマンで後から（スタッフに）確認してもらったら……」。ストライクと言われたボールが、実は、5センチほどボールゾーンに外れていたことが「結構ありますね」とサラリ。判定には何も言わず「僕の中では打てる球を打つだけ。ある程度ゾーンを考えて、自分がイメージしてたところに来たら、はい！　って感じで打つ」と勝負を楽しむ余裕がある。

「審判がボールと判定する球はボールなんです。後から機械で見るから、そう見えるだけ。ボール球を打とうとすると体勢が崩れるでしょ？　野球って基本はストライクを打つものだから。ボール球を見送っている、というよりはストライクを打っている、という感じ。だから、ほぼ全球、打ちにいっていますよ。打ちにいく中で、ボールを見逃す意識です」

相手投手のリリース位置から、ベースを通過するまでの軌道を「線」でイメージする。それは、打席に入る前から描いている。「目の位置がズレるのが嫌なんで……」。打席に入る際、本塁に向かって正面には入らない。本塁後ろから球審のすぐそばを「通過」して、勝負に挑む。

「投手に向かって、線を綺麗に描いているんです。打席に入って、はい、と右横を向くと、目線がズレる。だから、延長線上で、投球の点をたくさん結んでいくイメージで入っていきます」

その言葉通り、基本は直球を弾き返す感覚で勝負に挑んでいる。

「ある程度、球種にもよるんですけどね。カーブのキレが良いピッチャーは、なかなか線では打てない。例えば（山本）由伸のカーブは『線が見えない』。打てるところが一箇所、一点しかないと思う。真っすぐはある程度ラインをグウッと引っ張ってきて（自分のポイントが）見えるので、うまく空間を作る。そういう投手は、カウントが追い込まれるとカーブ待ちで直球には対応しますね」

研究を積んだ〝読み〟で、まずは相手のウイニングショットを狙う。

「それができることによって、三振の数が減るということがわかっている。例えば、そのスイングワークができていれば、ウイニングショットが真っすぐとフォークのピッチャーだったとすると、フォーク８割ぐらいで待ちますね。少しだけ、落ちる軌道で待っているんですけど、真っすぐが来ても、ポイントまでの空間が長いので、どうにかバットに当たるんですよね。これがファウルを打つ技術だと思う。三振をしないようにするには、やっぱり『点』で打っていたら、なかなかバットに当たらない。フォーク待ちで真っすぐが来たら、もう絶対、空を切ると思う」

天才ヒットマンは空振りする度に〝誤差〟に首を傾げる。理由は衝撃的だった。

「いやぁ……ね。単純にボールが前から来るのに、バットが空を切るというのが嫌だった。あれ？　なんかおかしいな、という違和感が起きる。打つスポーツなのに打てないと、何か気持ちが悪い。その結果として三振が少ないだけ。打てる、と思って振りにいっている球は、コンタクトをきっちりしたい。打てると判断して打ちにいっているのに、空振りが起きるということは、何かがおかしい。そういう考え方。ミスショットせず捉えていく、それが日頃からの意識。空振りする、ということは感覚がズレている」

シンプル過ぎる発想が、根底にある。ただ、それができれば誰も苦労しない。「だから、練習するんですよ。その1球の『誤差』を埋めるために」。そう言い切る姿に、次の言葉を失いかけた。

プロとしての意地

「あの日は忘れないですね……」

そう表現するのは、22年4月10日のロッテ戦（ZOZOマリン）だった。

相手先発は「令和の怪物」佐々木朗希投手。「どうしようもなかったですよ。完敗、脱帽、なんとでも書いてください、と思った日でした。完全に相手が上だった」。闇雲な言葉ではない。佐々木に、極めて高い評価をしたのだった。

「あのときは3三振でしたから。1打席目に三振して、向こうの状態が良いのはわかっていた。マリンの風でフォークの軌道も読めないぞ……となった。そのフォークも1打席目に見ていたし、なんとか対応を、と思ったんですけど、やっぱりどうしようもなかったですね」

気がつけば、試合は終わっていた。27個のアウトで誰一人、出塁することができなかった。

完全試合――。「あの日、完全試合を達成した佐々木朗希くんは、僕たちの遥か上を行った。そこは開き直り。完全にあっちが上だったので」。実力を素直に認めた。負け惜しみはしない。

「あの日は負けた。だけど、それが続いちゃあ、プロとして情けない」

次の対戦では2安打。高い修正力と、格の違いを見せつけた。「そこはプロの先輩として、なんとか。同じ失敗をしない、というのがレギュラーとして信頼されることだと思う。同じやられ方をしない対策は心掛けています。前日の試合が終わったときから、佐々木くんの軌道をイメージ。速いマシンを見て、目を慣らして……」。完全試合をやられた相手に対して、必死だった。「良い投手とわかって打席に行くので、しっかり対策して。前とは違う形にしたいなと。完全試合は絶対にダメだと思っていたので（笑）」。コテンパンにやられた相手にも、次は結果でお返しする。プロとしての意地を見せた瞬間だった。

ヒットを打つスポーツだが「四球」にもこだわりがある。「塁に出れば、打者の勝ちだと思うんです。勝負として。アウトにならないということだから」。入団した頃から「四球よりも三振を少なくする。三振よりも四球を多くする」と自身のモチベーションを高めてきた。「僕はホームラン1発か三振だけのバッターになるのが嫌だった。何かコトを起こさないといけない。そうでないと勝利には近づけない」。打つだけでなく、四球を選ぶ重要性も説いた。

オリックス入団1年目の〝ある出会い〟が自身を突き動かした。「ナカジさん（中島裕之）に聞いたんです。『3割ってどうやって打つんですか？』って、真っすぐぶつけたんです。すごいっすよ、打率3割って〜みたいなノリで」。軽いトーンで尋ねたが、実際は本気の質問だった。

返答は、まさかだった。

「1回、打率3割を打ったらわかるよ」

突き放されたかのような返事にも「なるほど……って、妙に納得したんです」と笑う。内心では「いや、そこ教えてくれへんのかーい！　と思ったけど（笑）。でも、これは、そういうことだから。感覚だから教えられない。僕も今の立場になったら、あのときの言葉がわかる」と腕を組む。

1つの返事から生まれる疑問が、探究心をさらに高めた。

「あの言葉……、どういうことなんかな？　と、ずっと思っていた。だけど、こうやって何度か3割を打てるようになって、なんとなく言葉の意味がわかってきた。1日が4打席凡退で終わるのか、1つ四球を取るのか。そこの違い。1打席の重みってそこにあると感じたんです。その1個の四球が大きい。チームにとっても自分にとってもデカい」

勝つためには、決定的な場面で打つことも大切だが「後ろに繋ぐこと。そうすれば、得点の可能性も上がるから」とチームのために〝歩く〟のだった。

ただ、四球を選ぶことは大切だが、納得はしていなかった。「正直、日本での最後の2、3年は、勝負される展開で（四球で）歩かされるシーンが目立った。それも作戦だから仕方ないけど、なんだか自分の力が落ちていく感じがした」。高い打撃力を恐れての申告敬遠も嬉しくなかったという。

「だってね、1打席を無駄にしているじゃないですか。僕は対戦したいけど、対戦の機会を失っているんです」

相手に怖がられ、勝負を避けられて一塁へ出塁できるのに、腑に落ちていない様子だった。「投手と対戦して、選んだ四球は僕の勝ち。そのまま歩くのは打席に立っていない。チームのためには歩くのも大切。でも、勝負したい。だって、あんなに良いチャンスの場面で回ってきて、はい、歩きます！　じゃあ、成長できない」

痺れる展開で、強敵と対峙したい――。

「大体、ビジョンに（登場曲の）『マッチョマン』が出てきたら歩く雰囲気でしたね（笑）」。真剣な表情からニヤリと切り返すのは、王者の風格が漂っていた。

お宝バットの存在

原点は「やってみたらわかるよ」の言葉。

「ナカジさんも（メジャーでの）契約がボラスさんだったんですよね」。ボラス氏の名前は、鮮明に記憶に残っていた。「僕がね、ブライス・ハーパーが大好きって言っていたら、ハーパーのバットをくれたんです。今でも素振り用に1本、絶対に持ち運んでいる。それが僕の〝お守り〟ですかね。あれ、ナカジさんがくれたんです。ずっと大事にしてます」。遠征ではホテルの自室まで必ず持っていく。位置付けは「自分の中でのベースに戻れるバット」で「芯の位置も、何もかも全然違うから真剣に振るというよりは、気分転換に振るバット」だという。

素振り用の〝お宝バット〟が教えてくれたのは「気持ちの切り替え」だった。

「経験が1回できたことによって、ベースができる。基準をもっと越したいと思っていても、数字が今の実力。計算じゃないけど、ペース的に『ここは固めとかないとな』とか。自分の中で勝手にイメージしながらスケジュールを見ていた。プロ野球って、1週間で6試合あるじゃないですか？　例えば3試合、次の3試合、で分けて3割を目指そうとする。大体1カードで考えて、その勢いで1週間、そして1カ月のスパンで考えますね。気持ちをうまく割り切れるように」

どこかで区切って、数字を見るようにしている。

「ただ、それって、1年目はやっぱりわかってなかった。『ああ、こういうことなんや』って、切り替え方法ができた。もちろん、野球って全部が全部を打てるわけじゃない。ただ、固めて打てるときもある。だから、毎日、計算しても仕方ない。結局はアベレージだから、考えるだけしんどくなる。このあたりで打っとかないとな、ぐらいは考えますけど。そのほかは1日に向き合うだけ、意外とシンプルなことだったんです」

〝ナカジさん〟は、手渡した1本のバットで「プロとしての生き方」もプレゼントしていたのだった。

極端な割り切りも、ときには必要だった。

「実際、野球って他のスポーツと比べておかしいところがある。バッターは7割アウトになるわけじゃないですか。成功をどれだけ求めても、失敗の方が多いんです。結果として『失敗』が見えるから、自分の気持ち的にはしんどくなることが多い。だからこそ3割を保つ快感があるんです」

17年から6年連続で打率3割を超えている。日本での通算打率は3割2分7厘。「そういう意味でも、1打席1打席を大切に入れた。僕は、チャンスでも、点差が離れている展開でも、常に同じ気持ちで入れる。点数が離れてやる気がないとか、チラッと聞くじゃないですか。それが僕は1回もないんです。どんな状況でも同じ。気合が入って、少し心拍数が速くなる場面はありますよ。だけど、基本は同じ」。冷静に「戦いの場」に向かう。

「僕は一喜一憂しない。どちらかと言うと毎打席、同じ気持ち。反対に燃えることも、あまりないです。なるべく平常心。心は熱くなるかもしれないですけど、その中でも自分の考えを相手に見せないように。見せたら、駆け引きとして『負け』ですから」

クールに見える理由は、ここにあった。

ハーフスイング

中途半端な気持ちで打席に立ったことは一度もない。決定的に他の選手と違う部分がある。それはハーフスイングをしないことだ。「あ〜、うん、確かに（笑）」と目を細めると「結局、投球軌道がイメージできて、その場で自分のスイングができていれば、ハーフスイングにならないですよね。来た球を振って打つか、見逃すか、だけなので。2つを追う必要はない。気持ちを1つに判断するだけ。中途半端は要らない。整理ができているかどうか、じゃないですか？」。重ねた練習はウソをつかない。

「スイングに自信がないと振り切れない。どうしても結果を求めると、バットが体から離れて、当てるだけのスイングになる。そうなると、バットがピタっと止まらないんですよね。内からバットが出ていれば、ハーフスイングになんてならない。グッと止まって、しっかり見逃せる。ハーフスイングになる打席は、あまり良くない打ち方なんです」

野球は「打つか」「打たないか」を瞬時の判断で決めるスポーツだという。

「基本は、どのボールに対しても打ちにいく。打ちにいって、グッと見逃してボールという感じ。僕はカウントで球種の読みを変えるんです。変えるというよりかは〝比率〟を変える。ここは3：7だな、とか、極端に1：9とか。それでも、顔の表情は『真っすぐ打つよ、打つよ、打つよ……』で、狙っていた変化球をパァーン！と。ボール球が来たら『あ、違う！』で、ピタッと止める。ゾーンを大雑把に、ぼやっと見ておいて『打てる！』と思ったらドン！と行く感じですね」

だから、バットが途中まで出ると、スイングを止めることはない。完璧なスイングを求めるため「ハーフスイングするということは腰が引けている証拠なんです。そういう打者もいるけど、僕はしっかり打席で振りたい」と気持ちを割り切る。

笑って説明を付け足す。「単純な見栄えの問題ですよ（笑）。腰が引けていたらダサい。フォームが綺麗に行くってことはしっかり自分のスイングができている。かかと体重でね、手でバット操作をすると止まらないからハーフスイングになる。そうなると率が上がらなくなる。結局、打つのか、打たないのか、をはっきりさせるためには『自信』が必要なんです」。びっしょり汗を拭う理由は、ここにあった。

ハーフスイングをしなければ、もう1つ。〝バット投げ〟もしない。会心の打球を放っても、振り切ったバットは、その場にそっと置く。打席付近に置くため、必ず先端部分に土がつく。ベンチに戻ると、改めて磨く。

「投げる意味ってあります？　僕はインパクトの瞬間に100の力を持っていくことだけを考えているので。バットとボールが当たったとき、もうバットの役割はそこで終了なんです。投げるってことは、パフォーマンスに近いものがある。僕は100の力をインパクトに持っていきたいだけなので、余分な力を使って投げることはないですね」

はっきりと答える〝らしさ全開〟の説明だった。「自分の持っている全部の力を、バットを使ってボールに伝える。それが『打撃』。スイングというのは、ボールに力を伝達する手段でしかないんですよね」。まさに侍、そのもの。魂を込めてコンタクトする。

孤独に打ち勝つ

打席に入る際は、強く2度、スイングして軌道を確認する。「あれは、僕のルーティンであり、確認作業。種類は毎年、増えたり減らしたりです。バットの軌道、感触を確かめるもの」。驚きは、バットを〝使って〟準備運動をしているということだ。

「バットは使うものですから。スムーズに体を動かすための道具。自分のヘッドスイングの確認をね。高めのボールと、低めのボールと。真ん中はレベルスイングでいいので。あとは打席の1スイング目から入れるように、あそこは抜かずに振り切って整えますね」

バットを持つから、体の可動域も広がる。


さらに打席では「孤独」も感じる。野球はチームスポーツでありながら、個人の戦いの連続だと表現する。

「これも、野球の素晴らしさ。人によって考え方は違うんでしょうけど……。野球って深い。トップを目指すのに、自分の力だけじゃ予測できない。どれだけ練習を積んだとしても、投手も捕手も研究してくるだろうから。同じ体験がほぼないんです。同じ無死一塁でも、対戦する投手が違ったりね。球場も全部が違う。もちろん体調も違うと思うし、全く同じことってない。常に自分をアップデートして、切り替えも必要なんです」

トップアスリートの顔を見せた後、優しい表情に戻る。

「これを少年少女に伝えるのは難しいですけど……。やっぱり、相手に勝つことよりも大事なことがある。まず一番に、僕が伝えたいのは野球を楽しむこと。純粋な気持ちでレベルアップをね。例えば、押しつける指導ではなく、自分で考えて、ということですかね。やらされる教育では伸びないですから。チーム全員が同じ方法で選手は伸びない。個人の力、役割ってあると思うので。環境でね。自分の頭で考えられる選手が強い。メジャーはもっと自分のために、家族のために、の気持ちが強い選手が多いと思う。チーム競技だけど、個人のスキルアップも必要になる。その中で楽しめるか、好きでいられるか。好きじゃないと、向上心が生まれたり、もっともっとっていう気持ちになれない。それが嫌になってしまうと、何のためにやってんだろう？　と。辛いと嫌は、またちょっと違う。辛さは乗り越えられるけど、嫌になってしまうと、もう前に進めない。向上心が持てるような、周りの環境も大事。気持ちの作り方、自分の気持ちに素直になるのが大事なんじゃないですかね」

プロ野球選手になると、年間５００回以上は「打席での孤独」と戦うことになる。「だから、打撃練習も丁寧にできる。そこから結果は繋がってくる。１試合、４、５打席の積み重ねだから。何も苦しくはない。本番は楽しい。それもまた、同じ打席は二度とないからじゃないですかね。全部が全部、全く違う」。もはや〝ゾーン〟を覚えるということなのか。楽しさのループから抜け出せないから、日々、上達を目指すのだという。

理想と完璧の狭間

だからこそ、困ることもある。

「よく『バッティングを教えてほしい』って、ざっくり聞きにくる人がいるんですけど、その回答が一番難しいですね。ある程度、確率を上げる方法とかはあるけど。僕は地道なトレーニングから、打撃に繋げていく。その作業をしているから、難しいですよね。短時間で教えるのは……」

30歳となり今、若手選手から質問攻めに遭うことも多々ある。

「ただね、打ち方のことは聞いてくるけど『どういう待ち方しているの？』とは、誰も聞いてこない。正直、そこが一番大事なんです。どれだけ打ち方を磨いたって、同じ待ち方をしていたら、同じ失敗を繰り返すだけ。だから、打率は上がらない。そういうのをどんどん聞いた方がいいと思うんです」

極論、打撃フォームには個々の特徴があるが「配球」には正解に近いものが存在するという。「やっぱり、野球は頭を使う。同じやり方ではミスをしてしまう。工夫を繰り返す。すごく良い選手なのに、もう1つ結果が出てこないっていうのは、そこなのかなと。少し考え方とか、発想を変えたら一気に成績を残せる選手もいると思う」。

ただ、それは「理想」であって「完璧」ではない。

「10割打つのは絶対無理でしょ？　完璧は絶対無理なんで。その失敗を減らす確率を上げることはできる。考え方1つで結果が変わる」。持論がある。「どれだけ良い打ち方をしても、結局、打率は3割ちょっと。野球の特性上、4割は無理なので。ただ、確率を上げる方法はあると思う。そこに持っていくアプローチはできるんじゃないかなと思って、高い数字を目指していきます」。打率4割は無理、と言い切っても、近い未来で期待せずにはいられない。

「打撃は生き物」と常々、口にするように、打撃フォームを固めたことは一度もない。「フォームを固める、という話を聞きます。ただ、それはガチガチになるのとは、また違う。僕は楽に構えて、体のどこかを動かしながら、整えています」。右足でタイミングを合わせたり、グリップ位置を上下左右してリズムに乗る。ときには左肩にバットを寝かす時間を長くしたり、腰をひねってみたり……。オープンスタンスで構える打席も、しばし見られる。

「投手の特徴を見抜いて、毎日の準備を。バッティングって本当に生き物ですから。自分が良いなと思っても、結果がダメなときもある。それは仕方ない。次に繋げるしかない」
　スタンスやフォームが少し変わっていても「僕の中では変えている意識はないんですよ。普段から同じにしたことがないから。イチローさんも打撃は変動する、進化する、固めてないと聞いたことがある。そういう感覚と一緒で、毎日、自分がいいものを求めている。その日のベストを尽くすってことを考えている。だから、昨日と同じものは存在しないんです」。結果を残すために、変化を好む。

　独自の打撃論については「人それぞれだと思う。全く同じ選手はいない。練習で、こういう風にしたら良いんじゃないの？　とは言えるけど、この人をイメージした方がいいんじゃない？　は言えない。イメージって人によって、違うじゃないですか。バッティングでも実際よくあるけど、『上から打つ』という考え方が変わってきている。今は下からすくう感覚で映像が出るからで、それを練習で真似して、下から打っちゃうと、思っている場所よりも、もっと下からバットが出る。だから、ある程度そこの伝え方って大事なのかなとか思いながらですね」。時代を経て、変化した理論がある。
「今、どうしてもフライボール、フライボールって言われてきた世代なんです。ちっちゃい子がしゃくり上げて打つシーンも見かける。そうするとね、最後インパクトの瞬間に走ってきたヘッドが下に落ちるから。どうしても芯で捉えられない。感覚的に、僕も伝えるときに『ボールを潰していく』って言い方をするんですけど。しっかりバットが（内から）入ってこないと、ボールに負ける。150キロを超えるピッチャーなんか、特にアッパー気味に持っていくと、僕は逆に良くない結果が多かった」

考えに考えたスイングで捉えた打球も、野手の正面を突くことが多々ある。二塁手が一、二塁間を詰めて守る、特有の「正尚シフト」は「チラッとは見ますよ。ショートがピッチャーの後ろにいるのが邪魔だなとは思います（笑）。打席で目に入るんで」。どこを守っていようが、同じ。問題は投球をバチッと捉えられるかどうか、というだけだった。

日々、改良を重ねる打撃にも、1つだけ〝原点〟がある。左打席に入った際、捕手側、自身の左足付近に、バットでサァーッと線を引く。「ある程度、自分の軸足のラインをここだ、と決めて。1つのルーティンですね。緊迫した場面でも、それをやって落ち着かせています」。進化を続けても、一呼吸置けるタイミングを設定しておく。「ベース（軸）に戻る準備をしています。戻るベースがないと迷うので。それがないのにいろんなことを試してしまうとグチャグチャになる。ベースは作っとかないと。自分の中でこれは入れていい、あ、ダメだ、の選択ができないと……」。

一瞬の駆け引きに備えて、息を飲む。

第5章　オリックスで叶えた日本一

千両役者の一振り

揺れる胸中に別れを告げた。心を決める一発に誰もが見惚れた。

超満員の京セラドーム大阪が一瞬、シーンとした。カッという打球音と同時に白球を目で追う。次の瞬間、全員が両手を高く上げた。観衆は立ち上がり、客席の青色が消える。歓喜のバンザイに、吠えた。1秒も必要なかった。右翼5階席への着弾を見届ける前に、ドームは揺れに揺れた。

「もう、何も聞こえないぐらいの歓声でした。すごい瞬間でしたよね。幸せな時間でした」

ドラマチックに、ラストを飾った。2022年10月27日の日本シリーズ第5戦。敗れれば、日本一への道のりが険しくなる、9回二死一塁。ヤクルトの守護神、スコット・マクガフの投じたスプリットが甘く入ってきた。

「勝負してくるな、という雰囲気があった。一塁も埋まっていたので。初球にインコースに良い球が来て『うわ！』っと思った。1球、見ましたけど、甘いところに来たら、次は行こうと。クローザーですし、あっても1球しかチャンスボールは来ない」

その1球に、全身全霊をかけた。

「向こうは雰囲気に飲み込まれたんだと思う。こっちは浮いてきたー！　という感じでしたけど、冷静に仕留められた」

捉えた打球は、ドームに降り注ぐ照明の中に消え、すさまじい速さで着弾した。

「球場の雰囲気が打たせてくれた1本。あの空気感に持っていってくれた仲間に、そしてファンの皆さんに感謝しかないです。僕は、いつも通り打席に向かっていたので。ちょっと胸の高鳴りはありました。ほんの少しだけ心拍数が上がるような。でも、それではリズムが整わない。なんとか、平常心に戻せるように、打席に行った記憶があります」

試合を決める劇的サヨナラ弾は、自身の本拠地〝最終打席〟だった。

「あのときは、まだ契約が決まっていなかったから、もしかしたらラストになるのかな？

ぐらいの感覚でした。そこまで頭は回らなかった。シンプルに甘く入ってきたので『来た！』という感じ。でも、鼓動が速くなると（ライトに）ファウルになる。ばっちりタイミングを合わせた。打った瞬間、勝った！　と思いました」

結果的には京セラドーム大阪に詰めかけた大勢のファンとも〝サヨナラ〟となる惜別弾。そう遠くない「別れ」を悟っていた一塁側ベンチ上のファンは泣き崩れた。一塁走者だった小田裕也も、「野球人生で初めて走らなくていいと思った」と振り返る一撃だった。

「本当に気持ち良かった。満員のスタジアムで大勢のファンの前で打てた。野球人生の中で忘れられないホームランです。僕たちは無観客試合も知っています。やっぱりファンあってのプロ野球。だからこそ、有休を取って応援に来てくれていたり、超満員のスタンドは嬉しい。僕が入団した頃よりファンが増えている実感があります」

大興奮に包まれるスタジアムで、たった一人だけ冷静だった。

「あれ、僕、バンザイ出ちゃったでしょ？」

そう微笑むと「打球を見ながら走っていたら『王（貞治）さん』を、ふと思い出したんです。サヨナラ本塁打を放ったシーンを、何かで見たことがあって、『あ、ここはバンザイだな！』って」。ペナントレースではガッツポーズさえしない。「相手をリスペクトしているのが僕のスタイル。そりゃ、打てたら嬉しいですよ。ただ、打った瞬間に次の打席が始まっているんでね」。勝負に白黒つける特大アーチは移動日も挟むため、次の打席を考える必要がなかった。

理解していたゲームセット

ドキドキの展開で、唯一、勝利を確信していた。右翼5階席への着弾を前に、バットをその場に置き、ゆっくりと歩き出す。自身プロ入り初のサヨナラ弾に酔いしれた。

「あのシーンはね。ホームランで終わると理解していたので。試合を決めるホームランは自分だけの時間。あの瞬間だけ、時間を止められる。僕がホームまで走っているときは〝僕の時間〟なんです。みんなが注目してくれる格別な時間。これが、本拠地最後の打席に飛び出した。絶対、僕だけの力じゃない。あれは導かれた本塁打だった」

　そんな幸せな時間を、ゆっくり走るはずだった。ただ、気がつかないうちに、ダイヤモンドを「駆け足」で回っていた。

「みんながホームで待っててくれているのを見て、ちょっとね」。ウォーターシャワーの中で、胸に込み上げる〝一粒〟もあった。「けど、あれ、危なかったぁ……」と振り返るのは、歓喜の「ローリングジャンピング生還」だ。

「あんまり、ああいう展開に慣れていないから(笑)。このタイミングは、何かしよう！っ て思ったら、ああいう風に飛び跳ねていた。チームのみんなも慣れてないから……？ 誰も受け止めてくれなかったよね(笑)」。日本一を目指す戦いは続いていたため、不意の故障だけが怖かったが、クールな男も、このときばかりは感情を爆発させた。

「感無量でした！」

お立ち台で、無数のフラッシュライトを浴びた。キラリと光る水しぶきは、後輩たちも輝かせた。

「日本一のチャンスが僕たちに来るまで、諦められなかった。あの試合は、負けたら事実上、終戦。僕らは、あり得ないレベルの逆転優勝を2年連続してきた。だから、1勝の重みをすごく知っています」

白星を1つ掴む大変さを学んだ2連覇だった。「どんな苦しいときでも勝ち切れた。楽して勝つよりも、追い詰められての喜びがあります。シンプルですけど……。『最後まで諦めない』を体現できた」。

低迷期を味わってきたオリックスは、短期決戦への挑み方が経験不足だった。

「波ある選手で良い。その選手が爆発すれば。1年間シーズンを通して考えたときには、打線を組むときに、ある程度の『軸』は考えるだろうけど。短期決戦はいつもと違う。もう一発勝負なので。僕も山を張るときもあった。結構、本当に割り切ってやっていましたね。だから、大切なのは日替わりヒーローですよ」

そうは言うものの、レギュラーシーズンも、短期決戦も当然のように「主役」だった。

「変革」が生んだサヨナラ劇場だった。

ペナントレース佳境で、大きな打撃改造に乗り出していた。「オープンスタンスからスクエアスタンスに。グリップ位置を深くして、トップを構えるバランスを整えた」。常に結果を残していたが「打撃は生き物だから」と変化を恐れない。

マクガフの独特な投球モーションにも対応した。

「あのとき、なんでフォームを変えたのかわからない。あんまり覚えてないですけど、自分の映像を見て変えてみた方がいいな、と。自分のルーティンとして、試合終わりに必ず映像を見るんですけど、トップが浅いし、距離が取れていないなと。そのときに右肘を張って構えた方がいいのかなと。少しグーッと捕手側に。(サヨナラ弾は)打った瞬間でしたね。後半からフォームを変えて、グッと調子が上がった。相性は悪くはなかったと思いますね。過去の対戦でも、東京オリンピックでも打っていた」

確証めいた「嗅覚」が、そこにはあった。

見つめる青い空

劇的サヨナラ弾を放ち、日本シリーズ第6戦へ歩を進めた。日本一への放物線を描いて、生還。ヘルメットを脱ぎ捨て、グショグショに濡れる。仲間に囲まれる歓喜の瞬間だが「いやぁ……。僕はかける方が好きですね」と、いたずらっぽく笑う。「油断している選手を狙うんです。頓宮裕真とか（笑）。あいつ、結構はしゃぐので。サヨナラ用の水、冷やしていますよ」。試合を決めた殊勲の選手でなく、ベンチ前で〝わちゃわちゃ〟しているシーンを多く見る理由は、ここにあった。

ただ……。あの日は、ビシャビシャに水をかぶった全身で、中嶋聡監督と抱き合った。

「オリックスの連覇、日本一は95、96年以来ですか？」

1993年に福井県で生まれただけに、馴染みはない。「中嶋さんとイチローさんがチームメートですよね。オリックスの大先輩でもありますけど、イチローさんは日本のレジェンド。世界で活躍したスーパー日本人選手。世界一にもなっている、すごい人。中嶋さんもいろんなチームを経験されて、コーチングの勉強でアメリカに行かれてたり。やっぱり、僕も感じていましたけど、マネジメント力がすごいですよね」。システム作りや駆け引きが大好きな男は、珍しく話が止まらない。

「青い空を見ろ——」

レッドソックスへの移籍が決まり、別れの挨拶で指揮官から伝えられた。

「最初は何のことなのか、わかんないですよ……。何なんですかね（笑）」と頭にはクエスチョンマークが浮かんだ。だが今は「青い空」のメッセージを理解している。

「これは宿題ですね。やっぱり、中嶋さんが現地に行って経験したことなんでしょうね。文化の違いだったり、言葉が伝わらないとか。でも、みんなの共通認識はある。『空は繋がってるぞ』的な感じなのかな?」

その答えは、アメリカにあるように思っていた。「アメリカって広いんだなぁと気がつけよ、と。日本にいると息苦しいこともあるだろうけど、と。しんどくなったら、いつでも空を見ろ! って感じじゃないですかね。陽を浴びろ! とか。空ですから……。上を向けよってことじゃないですかね? 下を向くな。そういうことでしょう。僕の解釈では。もっと意味は深いと思いますよ」

「青い空」の答えを探す旅を始める覚悟があった。ユニフォームの色が紺色から赤色に変わっても、青空に映る「吉田正尚」は〝B7〟だった。「オリックス7年……。血液型B。3+4=7。何か、感じるものはありますよね」。青い空と同じく、通ずるものはたくさんあった。

叶うべき夢の先へ

1年前。21年の短期決戦も〝激動〟だった。マクガフからサヨナラ打を放ち「折れたままの右拳」を高々と突き上げていた。9回無死一、二塁からセンター後方に劇的サヨナラ打。奇跡の復活劇で、日本シリーズ初戦にピリオドを打った。

「痺れましたね！　ラストチャンスを頂いたので、最後は良かったです」

骨が折れても、筋肉がちぎれても、ファイティングポーズは崩さない。

「試合に出たい――」

21年9月3日のソフトバンク戦（ＰａｙＰａｙドーム）、9回の打席で、遊撃内野安打を放った際の全力疾走がきっかけで負傷。翌4日は患部にテーピングをグルグルに巻いた状態で代打出場したが、1球もスイングすることなく、見逃し三振。苦笑いを浮かべて球場を後にした。5日に出場選手登録を抹消され、連続試合出場は512でストップ。左太もも裏の筋損傷で離脱した。

「代打で1打席なら……。でも、チームの優勝がかかっていたし、早く治して、最後に出た方が良いという判断だった」

この判断は、中嶋監督と深く話し込んだ。

「怪我したときとか、あの連続試合が続いていたときもね。博多で『今後のお前のキャリアを壊したくない』って言ってくれて。僕自身は積み上げてきた数字だったし、大事にしたかったけど、そこで『乗り切るから、早く戻ってきてくれ』と言われて、僕はリハビリに力が入った。言葉の力ですね。世間的には、あまり喋らないイメージですけど、選手にはストレートな愛情をぶつけてくれる人だった。ときには厳しく、甘く、そこがうまい。観察して、ハッパをかけて。あと、情報を全部自分で入れておられる。ファームとの連携も取られている」

一方で、主砲の離脱に暗く沈むオリックスナイン……。

そんな仲間に、吉田は「サプライズ」を敢行した。「怪我をしてしまって、荷物を取りに行ったときです」。本拠地のロッカールームにある、ホワイトボードへ〝書き込んだ〟。

「少しでも、みんなを和ませようと思って。そのときは誰もいなかったんで」

白板に黒のペンで「少々、お待ちくださいい34」と、直筆メッセージに背番号を添え、立ち去った。翌日、ナインに笑みが戻った。

幾多の困難を乗り越えて

長期離脱と思われたが、執念で戻ってきた。21年9月26日の楽天戦（京セラドーム大阪）に帰ってきた。およそ3週間の超速回復で、一軍復帰。代打で登場し「拍手の大きさは、ファンの方がそれだけ期待してくださっている証拠だと思う。本当にありがたいです」と感謝した。しかし、再び悪夢が襲う。

10月2日のソフトバンク戦で右手首付近へ死球を受けて負傷交代。暗雲が垂れ込めた。試合中に病院に向かい、大阪市内の病院で精密検査を受けた結果「右尺骨骨折」の診断を受けた。復帰からわずか1週間での離脱……。結果的に右手骨折のアクシデントでリハビリ生活に戻るのだが「中嶋さんは、ネガティブなことはあんまり言わない。やってみれ

自らのバットで何度もオリックスを勝利に導いてきた。 野球に取り組む
真摯な姿勢と、高い技術は多くのナインにも影響を与えた

ば？　っていう監督で、選手を尊重している」。どうして、そこまで奮闘し、怪我とも戦うことができるのか。

「僕たちは勝ちに飢えていたんです。勝つ楽しさを知った。勝つリズム、試合展開……。ゲームを勝ち切ることを学んだんです」

「全員で勝つ」の合言葉のもと、悲願の2連覇&日本一を成し遂げる――。

常勝軍団の形成へ。「僕はオリックスからいなくなりますけど……。やっぱり『個の力』は絶対に大事だと思うんです」。しんみりと続ける。「個の力が強いと線になれる。誰か一人だけだと、点のままというか。線になることができれば、もし誰かの結果がダメでも、他の誰かがカバーできる。そんなチームが強い」。次世代にバトンを託す。

「オリックスは今、若い選手が多いチームになった。この日本一を起点にしてほしい。ここがゴールじゃない。これで満足している選手は誰一人いないと思う。もっともっと、成長できる。組織として、いい方向に生まれ変われる。僕も、みんなに負けることなく成長していきたい」

本拠地のバックスクリーンに、チャンピオンフラッグを飾った。最高の〝置き土産〟だった。

愛着ある「34」との別れ

15年秋に行われたドラフト会議で1位指名を受けてオリックスに入団。幼少期から「プロ野球選手になって活躍する。そして、メジャーリーグを目指す」と描いていた目標のスタート地点に立った。背番号はブライス・ハーパーを尊重して「34」に決定。「他に一桁の番号も提示されたけど、僕は34番がピンときた」と自分の意志で選んだ番号だっただけに「もちろん、愛着はありました」と頭を悩ませた。

「プロ7年目で、長女の誕生日も7月7日だったんでね。自分も7月生まれだったし。勝手にそう思い込んでいる。そんな巡り合わせも面白いな、と思って」

入団当初から6年間、愛着を持ってきた「34」に別れを告げた。

21年オフ、口にした。「もろもろ出来高も含めてアップしていただきました。いやぁ……買いたい物は、まだそんなあれですけど、宇宙に行くにはお金を貯めないとね。ウソです（笑）」。ジョークを炸裂させるご機嫌ぶりには理由があった。「背番号を7に変えました」。思わぬ〝決断〟だった。

「本当は51番を……冗談ですよ（笑）。34番は自分の中でも愛着があった。入団したときに、9番が確か空いていたんですけど、どうする？　と。そのとき、ブライス・ハーパー選手やオルティス選手が34をつけていて、日本の野手で34も良いかなと」

チームの「7」は先輩、糸井嘉男氏（FAで17年に阪神移籍）以来、空き番号だった。

「どのチームも7番といえばチームのスター選手がつけているイメージですね。糸井さんは、1年目に一緒にプレーして、プロに入った瞬間、スターだと思った選手でした」。どうしても欲しかった7番をもらうため、電話を入れた。聞こえるのは明るい声だった。

「あ、そうなんか！　俺、オリックスに戻られへんやん！」

〝超人〟は電話越しに笑っていた。

メジャー移籍が決まり「オリックスの7番は1年でしたね。誰かつけるのかな？　7は、つけるんじゃないかな？　34がどうなるかじゃないですか？」。気になって仕方がない。15年の入団時には、糸井嘉男、中島裕之らが在籍。「結構、名前を知っているメンバーが多かった。だけど、僕が入団して、Bクラスが5年続いたんです……」。どれだけ打っても点が入らない。そんな歯痒い思いもした。

「落ちるところまで落ちていましたし、上しかない」

見据えるのは悲願のVだった。だが、自分が活躍するだけではチームは強くならない。「僕以外にもう何人か、規定打席に到達するような選手が出てくると面白くなると思っていたんです」。若手の成長を願ったが「基本的に、僕から『何か』を言うことはありません。ヒントは自分で掴むもの。自分の力で見つけたものが、一番の正解だと思っています」と強制はしない。

「『何か』を聞かれたら、しっかり答える。全体を見ておかないと答えられないので、視野は広くなりました。じっと観察して、その人に合うアドバイスを心掛けています。それが僕と、その選手との相乗効果に繋がる。僕は、そういう関係性が良い」

〝放牧〟が身を結んだ。「次第にね、選手の意識が変わっていって、本当に優勝を目指すってね。何をすべきかを明確に指導者もアプローチをしてくれて、どういう風に進んでいくかがわかりやすかった」。選手会長を務めた男は、現代的な発想だった。

熱意をぶつける無限の可能性

知らぬ間に、年下の選手が増えた。16年秋のドラフトでは、のちに投手陣の柱となる山本由伸投手がドラフト4位、敦賀気比高の後輩、山﨑颯一郎投手がドラフト6位で入団するなど、素晴らしい才能が集った。

侍ジャパンでもチームメートの山本由伸は「もう、球界のトップというか……。日本で一番良い投手ですよね。数字、実績、雰囲気、全部が。ウイニングショットをカウント球にできるのがすごい。カウント球がウイニングショットになったり。全球が勝負球の投手なんて、これまで聞いたことがない」と絶賛をやめない。

メジャーリーグ挑戦を胸に秘めている山本とは〝先輩〟として話すこともある。

「由伸はずっと『いつ行くんですか〜？』って聞いてきていた。準備の面がしっかりしていますよね。情報収集が早いし、うまい」。オリックスで同僚だった山本と、海の向こうで〝対決〟する日も、そう遠くはなさそうだ。

敦賀気比高の後輩、山﨑颯一郎にも、格別な思いがある。

「もう本当に、可愛らしいですよね。素直で良い選手。彼もトミー・ジョン手術で苦しんだのでね。正直、プロに入った最初の方は意識も低かったと思う。高校を出て、プロに入って、何年後かに活躍すればいいわ〜とか。そんな思いだったんじゃないかな。ただ、プロ3、4年目ぐらいから由伸が出てきたり、榊原（翼）が出てきたり。本人にも危機感があった。そこで大きな怪我をした。ある意味で〝転機〟ですよね。そこからウエート・トレーニングも真剣にやるようになったと思う」

そんな後輩を思いやるシーンがあった。山﨑颯が21年5月1日、京セラドーム大阪で救援投手としてプロ初登板した瞬間だった。

一塁側ベンチから、レフトの守備位置に走る途中で、マウンドに〝寄り道〟した。スラッと長身の後輩が投球練習を行う直前に、お尻を叩いてゲキを入れた。「頑張れよという意味でね。緊張して、もう汗だくだったんで（笑）。ここからがスタートだからと。彼の持っているものは、ずっと素晴らしいと思っていたんでね」。ほっこりと笑うと「器用ではないですけど、やっぱ投げる球ってすごい。誰にも真似できない角度で威力がある」と才能を認めた。

ここ最近は愛称も定着し「吹田の主婦」として人気も急上昇している。「みんなから愛されますよね。顔もスタイルも良い。スター向きの選手ですから」。オリックスの未来を託す選手の1人だ。「良い勉強もした1年だったんじゃないですか?」。ニヤリと笑うのは、22年の日本シリーズ第7戦での被弾を思い返してだった。

「完全に勝つ雰囲気の中で、颯一郎がオスナにガチンと打たれてね（笑）」

まさかの3ランを浴び「2戦目の内山（壮真）くんのホームランじゃないけど。あれがよぎるような感じでしたね。レフトを守る僕の上をガツーンと越えていった。神宮の雰囲気も……。あれ？ となった。球場の雰囲気、盛り上がりがすごかった」。1球の重みを理解しているからこそ、笑って思い返せる。

「ただ、あれで上位打線が終わったので。あとは、なんとか踏ん張ってくれ！ って思っていました。（一番の）塩見（泰隆）が怖いなぁとは思っていましたね」。最終回、最後のアウトを見届けると、レフトの位置で右拳を高々と上げた。「あのときのワゲスパックは衝撃でしたよね。すごかった。神懸っていた。相当、気合が入ってましたよ」。左翼で悲願を見届けたとき、心はもう、決まっていた。

真紅と蒼の若き魂

選手会長を務めた2年間で、連覇&日本一を成し遂げた。これ以上ない達成感でありながら、俯瞰して戦力分析をしていたのだった。

「チーム内に切磋琢磨が生まれたのが大きい。宇田川とか颯一郎は最初からずっと一軍にいた選手じゃないんでね。途中からだから。宇田川は5月、6月、育成選手としてファームで投げていた。だけど、最後は日本シリーズの勝っている場面で投げている。誰が予想していました？　これが良い循環。ファームでも情報が回る。だから、選手は腐らない。一緒に二軍でやっていた選手が、あんな大舞台で……。その効果って絶対大きいと思いますね」

高い競争意識に感心した。

自分が抜けた「穴」を狙う選手もいる。バット、グラブ、ベルトに打撃手袋……。自主トレ門下生の来田涼斗に、期待を込めてプレゼントした。「僕がオリックスから抜けて、彼にとって、すごく大きなチャンスだと思う。振る力はあるんですけど、ちょっとした細かいところの修正が、まだ足りない」と〝師匠〟の顔になった。「打席で同じミスは許されない。まだ、彼は淡白。内容が薄いというかね。力はあるので、期待はしています」。わざと、少しだけ突き放す。選手が伸びるコツを知っている。

20代前半の選手を見て、自身のプロ入り当初を思い出すことがある。「若手には競争を勝ち切ってほしい。自分で幸せを掴んでほしい。ある程度、歳を重ねて結婚したりしたら、家族も含めてね。いろんな人を幸せにしてほしいなって心から思っています」。

自身が感じてきた「幸せ」は、たゆまぬ努力で勝ち取ってきた。「いろんな人に協力してもらえるありがたみは、もちろん。でも、最後はね……自分次第なんです。結果、幸せを引き寄せるか、手放してしまうか。自分の努力もある。掴んでからも努力しないとダメなんです」。優しい口調ながらも、眼光は鋭くなった。

誇り高き戦友

オリックスには7年在籍した。「僕が最初に入ったときとメンバーがガラッと違いますもんね。残っている選手は安達（了一）さん、T（―岡田）さん、小田（裕也）さん、西野（真弘）さん、か……」。〝あえて〟忘れた人がいる。

杉本裕太郎――。

2学年上の先輩とは、青学大時代も一緒にプレーし、三、四番コンビを組んでいた。『北斗の拳』が好きで「ラオウ」の愛称で親しまれている〝ラオウさん〟だが、呼び名は昔から変わらず「裕太郎さん」のままだ。

「裕太郎さんは、持っている才能は元からすごかった。ただ、チャンスに恵まれてこなかった。中嶋監督になって、その流れが変わりましたよね。今は本当に、対戦を楽しんでいる。結果に一喜一憂していない。昔は戦う相手が『投手』ではなかった時期もありましたからね。まず、自分の心と戦わないといけなかった。それがすっかり取れて、楽しそうになった」

2歳差はあるものの、上下関係はなく「良い関係ですよ」と笑う。15年秋のドラフト1位と10位で〝再会〟した。大学と社会人卒で野球歴は違えど、また三、四番を組んだ。

「すごいですよね。しかも、1位と10位で入るってね（笑）。2年後に、また同期入団。裕太郎さんも危機感があったと思う。ネガティブになっていたときもあった。だけど、僕も、一応、仲間であり、ライバルであった。同じ気持ちにはなれないので、辛いなと思っていましたよ。でも……。まさか、僕の後ろを打つとはね(笑)。想像はできなかった。あのキャラなので、裕太郎さんが打つと盛り上がりますから。〝昇天ポーズ〟で、もう、チームの顔ですよね」

21年には本塁打王を獲得した先輩を、少しだけ心配している。

「成績のベースがね。本塁打王ってなっちゃうのは可哀そうです。いきなり、3割30本ってね……。すごいですよ。でも、それを超えていかないとね。そのために裕太郎さんも必死に練習していると思うので」

選手会長をバトンタッチしたときに伝えた言葉がある。

「選手だけが美味しい思いするんじゃなくて、裏方さんもね。組織を活性化させていきたかったので、そこは継承してほしいなと」。深く頷いた〝裕太郎さん〟は尋ねてきたという。

「なんで、そんなにスピーチ、面白いん？」

先輩からの質問にも率直に答えた。「やっぱり硬すぎず、ファンの皆さんの前で喋るっていうこともある。感謝の気持ちをベースに。これからもっと見に来てほしいと伝えるべき。プロ野球を生で見る。映像とは、やっぱり違うと思うのでね」。かつては「有休を使って観戦お願いします！」とファンにお願いしたこともあった。

「パッと浮かんだんです。シーズンの後半だったから、みんな有休を使いやすくなったかなと（笑）」。プロ野球選手以外の職業に就いたことはない。それでも、広い見識を持ち、社会常識を頭に入れている。

酔いしれた本音

2年連続での大逆転V。だからこそ、日本一のビールかけは、歓喜に燃えた。

「うん……。あんなのないですよ。もう僕らはどうしようもないじゃないですか。試合に勝つしかない。優勝したいとは思っていましたけど、確率は低かったんでね」

22年10月2日の楽天戦。オリックスが勝ち、ソフトバンクが負けた場合のみ、2連覇が決まる試合を勝ち切った。日本シリーズも、自らのバットで牽引し、リベンジを果たした。ビールを頭からかぶり、ゴーグル姿になると、少しだけ力が抜けたという。

「気持ちよかったです。みんなと1年間の苦労を分かち合う。（19年の）プレミア12で、最初にシャンパンファイトを経験して……。みんなで1つの大会が終わった、シーズンが終わったときにリーグ優勝、日本一でチームのみんなとやりたい！ って強く思いましたよね」。願望を叶えると言葉が自然と出た。「やっぱり……常に一番を目指さないとダメかなと思います、僕の人生……」

10月30日、東京ドームホテルで〝美酒〟を浴びた夜、決断を下した。

「やっぱり、自分の気持ちにウソはつけなかった。メジャーの地で、野球を、ベースボールを、経験したい。ただ、それだけの理由です」

球団にポスティングシステムの利用を願うと決めた。球団が認めた場合のみ、移籍が可能になるシステムで「こればかりは僕だけの問題ではない」と一歩、引いた。そして、11

月17日、容認される。オリックスの選手でポスティングシステムの利用が認められたのは、2000年オフにマリナーズへ移籍したイチローのみ。メジャーリーグ機構から全30球団に契約可能選手と通達された。

「オリックス 吉田正尚」は、幕を下ろすことになった。

第6章　素顔

歓喜の祝杯で

用意していた誘い文句をぶつけたのは、祝杯の直後だった。オリックスでの日本一を喜ぶ球団納会で、ある決心を伝えた。

「一緒に、アメリカ行くか?」

ほろ酔いの吉田は、冗談っぽく笑って伝えた。通訳の若林慶一郎氏は仰天してしまった。

「え、あ……はい!」

惜別の記念写真を撮ってもらおうと2ショットを頼んだ瞬間——。

「まさか……の出来事でしたね。僕には全く予想もできなかった言葉を頂きました。通訳として、将来的にはアメリカで働いてみたい気持ちはありましたけど、そのタイミングかぁ! と驚きましたね」

スマートフォンの画面に写り、一期一会になるはずだった2人は〝相棒〟になった。

「正尚さんと会うのは、納会が最後だろうと思って、2ショットをお願いしてみたんです。本当にお別れだなと思っていました。だから、ちょっと酔っ払っていたのもあって『アメリカまで遊びに行くので、どっか連れて行ってくださいね！』と伝えました」

その返事が「海を渡るか?」になることは想像もできなかった。だが、良い雰囲気に酔っていたこともあり、瞬時に「ぜひ！　僕で良ければ！」と答え、握手を交わした。人生が変わった〝晩酌〟だった。「勢いで返事したんですけど、色々手続きをする数日間で『覚悟』が芽生えてきましたね。僕で大丈夫なのかな……という不安もありましたけど、一緒に頑張らせてもらえるチャンスをもらったので」と腹を括った。

若林通訳は高校を卒業後、アメリカの大学に4年間通った。帰国してすぐにオリックスの通訳に就職し、働き始めた。チーム在籍は2年。主にファームの助っ人外国人選手を担当していたため、在籍中に吉田と話すのは、大阪・舞洲でのリハビリ期間のみだった。「正直、接点はそこまでなかったですけど、いつも声を掛けてくださっていた印象です」。吉田のその人柄が、アメリカでも好結果を生んでいる。

首脳陣からスイング軌道や配球の考えを指摘されるときのことだ。

「正尚さんは、結構、聞く耳を持って聞いています。言葉が通じないから聞き流すタイプの選手もいると思いますけど、すごく積極的に聞き返したりするんです。自分の意見を（英語で）伝えてほしいと。こう感じているんだけど、実際はどう言われているの？　などですね。メジャー1年目ですし、結構わからないことがたくさんある。だから僕は、できるだけ側にいるようにしています」

若林通訳は、練習中のキャッチボールも相手役を務める。グラウンド上での他愛のない会話でも吉田は気にしているようで「野球のことも真剣に（英語で）何を言っているの？確認と尋ねてきます。ただ、僕が感じるのは、仲間内で笑いが起こったタイミングですね。確認で『今の何？』と聞いてきます。それだけナインと距離を詰めたいのだと、僕は感じています」とコミュニケーションを重ねる。

ベンチ内での愛称は「マサ」「ヨシ」などで、雰囲気は良い。「僕は通訳として、足を引っ張らないように。早く正尚さんのレベルに追いつかないといけないですから」。ともに〝新顔〟のルーキー。若林通訳は周囲の選手とも積極的にコミュニケーションを図る。「周りの選手に『今のは（訳した）意味が合ってる?』と聞くことが多いですね。できるだけ、表現の違いに気づいて、言語のニュアンスを合わせられるように、ということで確認しています」。

メジャー挑戦1年目は常に二人三脚の旅だ。「オフの日も、ご一緒させてもらっています。ラーメン行こう！　という感じで食事も。正尚さんは良い意味で感情的になることがない人。開幕した直後、ちょっと打てない時期もありました。そのときは少しだけテンションが下がっているなという感じはありましたけど、そこまでドーンと落ちている気配はなかったですね」。居心地の良い〝相棒〟でありたい。そう思って行動を共にしている。

吉田が若林通訳に声を掛けた理由がある。「フットワークが軽くて、明るい。そして、独身でね（笑）。僕の場合は野球に夢中になって生活するわけで、ずっとベンチにも入ってもらうわけだから親身になってくれる存在が良かった。一緒に相手投手のデータを見ながら、言葉を訳してくれる。仲良くやっていますよ。相手投手の動画を送ってくれたりね。本当あいつには感謝していますよ」。寄り添ってくれるパートナーに賛辞をやめない。

一方で、どうしても自力で乗り越えたかった「言語の壁」があった。「入団会見、緊張しました。僕は英語が話せないと自分で言いました。だって話せないですから(笑)。だからこそ通訳も連れてきているし、言葉でないコミュニケーションでわかり合えたらという部分もあった」。スポットライトを浴びた数週間後、驚きを隠せない出来事もあった。

アスレチックスに入団した、元阪神の藤浪晋太郎投手の入団会見を見たときだった。「藤浪晋太郎、カンペなしじゃん。全部、英語じゃん……」。衝撃からか、フルネーム呼びになった。「僕よりかは準備期間、あったからね」と笑うと「元々、勉強していたのかな？　英語の発音うまいね」と感心した。

ただ、直後には「これだけ話せるの？　と思われるのも気になるよね。だから、僕は僕のスタイルで良い」と強調。だからこそ若林通訳の存在が大きい。「一平さん（水原通訳）はすごい。大谷くんの色を保ちながら、訳すらしい。直訳じゃなくて。微妙なラインが伝わらないですもんね、言葉のセンスの部分で」。お互いのことをよく知るからこそ、表現できる。2人は、ここから長い期間ともに過ごすことになる。着実に歩調を合わせていくだけだった。

とっておきの治療

コンディション最優先の野球人生を常に送っている。東京五輪の金メダルを手に、新横浜駅から新幹線に乗った吉田は新大阪駅で降りると、すぐさま治療院に向かった。目的地は「甲子園スポーツトリートメント治療院」だった。

「オリンピックの会見をテレビで見ていたら、数時間後にはマッサージをしていました。急遽、でしたね。珍しく疲労が溜まっていたと思います」

そう話すのは、阪神で12年間球団トレーナーを務めた手嶋秀和氏。うつ伏せの状態から鍛えられた太腿を指でグリグリと押すと、吉田は口を開いた。

「絶対に獲らないといけない金メダルでしたからね……」

シーズンとは違い、負ければ明日がない国際大会。独特の緊張感を過ごした日々から、柔らかいはずの筋肉が固まっていた。手嶋さんは言う。「僕が覚えている話は……。初見で外国人の投手を打つのは難しいって言っていましたね。あれだけヒットが打てるバッターでも、そう感じるんだなと驚きました」。ギュッギュッと親指で押す度に、対戦した投手の名前が出てくるそうだ。

「基本的に治療をしているときは野球の話をするか、野球を見るか。やけに詳しいですからね（笑）。相手投手の情報が全部、頭に詰め込んである。それを〝整理〟する時間になっていたのかもしれないですね」

治療を進めると、口数が少なくなってくる。そして、最後は心地のいい眠りにつく。「リラックスの時間にしてほしいですよね。僕は治療中に寝てもらっても全然構わないです。

車の運転と一緒というか、脳も体もリラックスしていないと眠気はこないのでね。安心してもらえている証拠かなとは思っています」。吉田とは、20年オフに出会った。日本ハム時代の西川遥輝（現・楽天）の沖縄自主トレで知り合った。「そこから何回か連絡を取るようになったんです」。今では自身の沖縄自主トレにも同行し、WBCの大会期間中も治療を担当した。

「今回のWBCは（打席の）フィードバックが多かったイメージですね。韓国の投手は球が速かったとか、海外の投手と日本投手の精度はまた違うとか。コントロールが良くて、コースへビタビタに来るのが日本の投手で、アバウトだけどボールが強いのが外国の投手だとかね」

仰向け、うつ伏せの体勢で振り返る日々の勝負。投球軌道を再確認する時間となっているのだった。

「ある意味、強みの部分だと思うんですけど、感情を滅多に表へ出さないですよね。怒ることもなければ、大爆笑することもほとんどない。だからこそか、大舞台に立ったときも平常心で戦っているだろうし、1球目からドーンって入っていける。表には出さないけど、秘めているものがあると思いますね」

治療中にその日の対戦を振り返ることで〝復習〟している。「僕はこう思います、どう思いますか？　の会話が多いですよね。体のことについても、トレーニングのことについても。いろんな人に専門的なことを聞いて、1つずつ疑問を潰しているんだと思います」。話して、考えて、実行しての繰り返しだという。「すごいなと思うのは、初志貫徹というか。優先順位は絶対に変えませんね。トレーニングをするときに『今日やっぱりやめておこう』ということは絶対ないですね。何かの時間を犠牲にしてでも、まずは体のことを優先にしている。コンディションを整えてから、その日の予定がスタートする感じですね」。だからこそ日々、最善の準備ができている。

分厚い体は、トレーニングを積み重ねた証だった。

「正尚選手の筋肉は、弾力があるんです。柔らかい筋肉。硬さはないですね。近い系統で言うとヤクルトの村上くんとか巨人の岡本くんとか。背丈は違うものの同じタイプかなと。とにかくデカい。身が詰まっているから、厚みがある。体が薄くないというのは、トレーニングを積んだ選手だから。作った筋肉だとどうしても骨が（前面に）出てしまうので。骨の周りを筋肉でギュッと包んでいる感じですよね」

懸命に練習する野球少年少女に伝えたい肉体だという。

「体が小さいと言われがちですけど、それは背丈の話であって。ああいう筋肉がキチンとついている選手はなかなかいないですよ。どの部位を鍛えるか、毎日ちゃんと考えてトレーニングしていないと、あそこまで分厚い体にはなれない。パーツ1つをすごく大切にしているんだと思いますね」。治療院は、2階が自宅。目線をふと上げた。「うちの息子も憧れていますよ。背丈がなくても、努力して頑張ればあんなすごい選手になれるんだって。もちろん、並大抵の努力ではないんですけどね。ただ、勇気をもらえますよね。小さいと言われている選手でも、あれだけのパフォーマンスを見せられるんですから」

夢があるから頑張れる。その視線は吉田に向いた。

互いの道へ

叶わなかった対決があった。オリックス時代のチームメート、伏見寅威捕手との〝頭脳戦〟だった。伏見は常々言う。「正尚は頭が良い。めちゃくちゃ良い。同じチームだったけど、やっぱり捕手目線で『正尚を抑えるにはどうするべきか』ということは考えていました。僕も試合に出ないときはベンチで声を出してチームを盛り上げたりしていたんですけど、あるとき、気がついたことがあるんです」。

真剣な表情でそう話すと、続けた。「正尚ってね、ヒットを打っても凡退しても、ベンチに戻ってきたら絶対に1球ずつ確認するんです。スコアラーの方たちと。打席に行く前は配球の傾向や投手の特徴を聞いたりして『こう来るかな』と予測している。それで、ヒットを打っても、直前に見送った1球の答え合わせを、すぐにベンチでするんです。『ほら、やっぱりスライダーが来たね』とか、そういう感じ。今の打席は攻められ方がこうだったから、次は変化球1本狙いで行ってきますとか。平気で言って、平気で打っていましたね」。

勝負は、目前の1打席ではなかった。「1試合をトータルして戦っていましたね。1打席だけで考えるのではなくて、4、5打席その日に自分が打席に立つ計算でした。僕らが想像するレベルではないぐらい、配球のことについて考えていました。相手バッテリーとの駆け引きが、とにかく上手だった。相手のキャッチャーが裏をかいたはずなのに、実はそのボールを待っていたなんてこともよくありました。データを見るのが本当に好きなんだなと思っていましたね」。ベンチを出る際の唐突な〝ひらめき〟も生きる。「急に『このボール狙ってきます』と言って、本当に打つからすごい。やっぱり、めちゃくちゃ頭が良いんです。まず、そのボールを読める能力があること。そして、打ち返す能力があること。その2つが噛み合わないと弾き返せませんからね」。

22年の日本一は、選手会長と扇の要として一緒に喜んだ。だが、吉田はレッドソックスへ。伏見は日本ハムへ移籍。2人は違う舞台に立ち〝すれ違った〟。

「正尚と真剣に対戦したことはなかったので、やってみたいなとは思っていました。マスクを被って『どう抑えればいいんだ?』って思ってみたかったですね」

勝負の女神は、どちらにも転ばずに微笑んでいた。

〝先輩〟のラオウ杉本裕太郎外野手は「正尚は世界一のバッター」と表現する。青学大時代にも三、四番を打った「先輩後輩」はオリックスでも三、四番に並んだ。「自分の前で、絶対に打ってくれる。だから、心なしかネクストではリラックスして構えていられましたね。『正尚が打ってくれる。正尚が打てない投手なんていない』と。それぐらい頼りになる選手でした」。だからこその悩みも生まれたそうで「正尚が敬遠されると、僕で勝負になる。勝負所では一塁が空いているか、埋まっているか確認することが日常になっていました(笑)。正尚か、自分か。どっちかで勝負される展開は、試合が決まる場面。緊張もしていましたけど、正尚がいるから安心していた部分もありましたね」。駆け引きに向かう直前に〝後輩〟から圧を掛けられることも多々あった。

「真顔で『そろそろ打たないとヤバいで』と言ってから、打席に入っていくこともありました。成績が下がっている時期に言われると、一瞬、うわっ……となるはずなんですけど、正尚に言われるとなぜか『そうやな、打たないとな』と元気がもらえていましたね」

1つだけ悩みがあったとするならば「あいつ、バットの重りをポンと転がしてから打席に行くんですけど、ネクストの円に入ったことが全くないんです（笑）。だから、僕が綺麗に並べることが、ある意味でルーティンになっていましたね」と腹を抱える。優しい先輩ならではの気遣いが、バットに乗り移っていたのかもしれない。

オリックスでのチームメートと言えば、敦賀気比高の先輩にあたる山田修義投手がいる。山田が3年のときに、吉田が入学してきた。「あの頃から吉田は何も変わらないですね。吉田は吉田って感じ。自分を持っていると言うのか、マイペースと言うのか……」。苦笑いで当時を思い返し「1年生で、ものすごい選手が入ってくると聞いて。それが吉田でしたね。ティー打撃からバットの音が違いました。グラウンドで打撃練習をしても外野のネットを軽々と越えていく。2歳下ですけど、本当に味方で良かったなぁと思いましたね。1年生から四番を任される理由は、見ている誰もが納得でした」と、かつて衝撃を受けたスイングを振り返った。

裏方さん

天才的なヒットマンを毎日、目の当たりにしていたのが〝裏方さん〟だった。オリックスの左澤優打撃投手は、吉田の試合前フリー打撃を担当していた。

「何がすごいか……。どこに投げても簡単にスタンドに運んでくれますね。こっちが少し投げミスして『すみません！』となっても、ほとんどのボールを綺麗に打ち返してくれるんです。見送ってもおかしくない外角のボールもレフトにスパァンと。でも、試合では振らない。『コースを確認しているから』と投げミスにも何も言ってこないところが一流なんだなと感じていましたね」

数球、打ち終わると左澤打撃投手にも、正面から見えた打撃フォームやスイング軌道を確認する。サウスポーから見えた踏み込み足の位置なども、細かく聞く。「あんなにすごい人が、投げた側の意見を聞いてくる。どんな情報でも自分に吸収させているのが印象的でした」。恐れ多いと思いながらも「今日はこうでした。昨日とは少し変わっていますね」など、伝える毎日だった。

オリックスからレッドソックス移籍が決まった後は、22年にチームスタッフを務めた久保聖也氏を頼った。「練習相手として選んでくれて、僕は幸せでした。すごく嬉しい時間を過ごせたと思います」。12月、1月はチームの契約期間の関係もあり、久保氏の投げるボールをかっ飛ばした。1月の沖縄自主トレでは、メジャー挑戦1年目かつWBCに挑む〝日本の侍〟の練習相手を務めた。

「正尚さんは感情の起伏がほとんどない。WBCのときも一緒に過ごさせていただきましたけど、一喜一憂することはありませんでしたね」

久保氏はサウスポーとあり「準決勝のメキシコ戦で左投手からホームランを打ってくれたときは、ものすごく嬉しかったです。ずっと自主トレから取り組んできた打撃だったと思う。僕は偶然、左投げだったんですけど、体の内側からバットを出す練習に取り組んでこられていたので。あのホームランは叫んでしまいました」。久保氏はオリックス退団後、渡米するまで吉田の〝パートナー〟として歩んできただけに、格別のアーチだった。

故郷の後押し

地元の福井でも大騒ぎの一撃だった。

吉田にとって父・正弘さんの存在は「僕に人生の多くの時間を割いてくれた。しんどいときもあったでしょうけど、僕が好きなことを率先してできるように、良い方向に導いてくれた。庭の木と木の間にネットを張って、手作りケージを作って、ティー打撃を23時過ぎたり夜中までね……。好きなことを最後、納得するまでさせてくれた父に感謝ですよね」と頭を下げる。

努力が実り、今や実家は「吉田正尚記念館」となりつつある。

「マメですよね。昔から新聞紙を切り抜いたりしてね。僕は整理整頓が上手ではないです

福井の実家はまさに「吉田正尚記念館」。辿ってきた1つひとつの軌跡がここに詰まっている

けど、父はそういうのがうまいので、綺麗に飾っていますよ」。記念品は毎回、イベントが終わる度、実家へ郵送する。正弘さんは「自宅に置いていても邪魔になるのか……今回はアメリカに行ったこともあり、実家に全部（記念品を）送ってくるんですよ。毎年、正月に福井に帰ってきたときに正尚は見ていますね」と言いながらも喜ぶ。

リビングにはトロフィーや首位打者獲得の記念品、グローブやユニフォームなどがズラリと並ぶ。21年には「福井県栄誉賞」も受賞した息子は輝いて見える。「昔からバットを速く振るとか、ボールを遠くへ飛ばす。それを一番に考えていましたね。小学1年で外野の頭を越えていました。同じチームでも体の大きい子に、負けたくないと」。気持ちの強い「正尚少年」だった。珍しい「正尚」と言う名前は「正しく和尚さんみたいに生きていこう」という意味が込められている。家系では「正」の文字が続いており、命名された。

「高校（敦賀気比）から寮に出て、大学（青学大）も東京。プロではオリックスで大阪。好きなことに夢中にさせてくれる育て方をしてくれました」

母にも感謝は忘れない。母・仁子さんの作るご飯をたくさん食べ、大きく育った。吉田が野球を始めたきっかけは、3歳上の兄・正仁さんの練習の送り迎え。5歳でバットに興味を持ち、小学1年から正式に野球を始めた。高校生になるまで「ユニフォームやスパイクとかの手入れも……母親任せで甘えていました」と頰を赤らめる。

正月は故郷に帰省する習慣があり「1月1日は近所のお寺に行きますね」と初日の出を浴びる。吉田にとって「年1回」の楽しみは「1月2日に集まるボーイズの会です。地元の中学生で、かつて一緒に戦った仲間たち。13人ぐらいですね。年に1回しか会えないので、そこで話のアップデートをしますね。今回、僕もそこでみんなに報告することができました」と童心に戻る。

福井で生まれ育ったメジャーリーガーは「福井ね……何があるかな」と前置きしつつ「芝政ワールド知ってますか？ 自然もあって、海も綺麗。雪もあって、紅葉も桜も綺麗なところがあるので、四季が楽しめる。あとはご飯が美味しい。カニとかね。お魚系はすごく美味しいと思います」と故郷を懐かしむ。

幼少期は物静かな少年だったと言い「僕、全然、喋らないですよ。学校のクラスで。野球のメンバーじゃなければ、ほぼ喋ったことないんじゃないかな、僕と。女子とは特に話せなかったですね（笑）。本当に仲の良いメンズとだけ話す感じのキャラでした。今、振り返ると」とシャイな一面も見せる。当然と言わんばかりに「応援団長もしなかったし、学級委員も生徒会もやらなかった。目立ちたがり屋ではなかったので、後ろからイジるキャラでしたね」と照れた。

好きな教科は「社会、現代社会に政治経済。僕はシステムが好き。どういう構造になっているのかが気になるんです」と熱心に語る。

「野球に関係ない人でも気になる。どうやって、この人は今のポジションまで頑張ってきたのだろう、とか。生き様が好きですね。ネットフリックスでは麻薬密売とかの映画、心理戦が大好きです（笑）。あれは面白い。すごく勉強になる。お互いに裏切り合って『こいつがスパイやったんか！』とかね」

プロ入り当初は怪我が続いていたため「ドラマや映画を見て、昼夜逆転していたときもありましたよ（笑）。怪我のことを考えたくなかったのと、熱中するとやめられない性格なので。自分の好きなことはやめられないですよね」と目を擦った日々を思い出した。

正解の見つからない探り合いに興味を持ち「算数、数学は苦手でしたね」と答えを求める〝競技〟は得意としてこなかった。「ただ、野球は数字が自分を表すもの。この数字＝吉田正尚、の評価として一生残るもの。だからこそ、1年で安定した結果を残したい」。

追求する理想は高い。

〝生きた話〟に好奇心が芽生える。「小学生のとき、父が野球漫画を買ってきてくれたんですけど……。それはパラパラ読んで終わりました。全然、内容が入ってこない。僕はドキュメントが好きなので」。苦笑いで話すと「雑誌の特集は見ますね。高校生のとき、僕は同級生の存在はそこから知っていました。僕も何回か載せてもらったことがあった。やっぱり、嬉しいですよね。載せてもらえるということは、僕のことを見てくれる人が増える、ということですから。プロに行くためには、通る道、1つのステータスとも思っていました」と、今や毎日テレビのニュースで流れるヒットマンは胸を張った。

甲子園球場

雑誌に初めて載ったのは高校1年生のときだった。「1年生四番、として取り上げてもらいましたね」。吉田にとって「甲子園」は人生を変えた場所だった。「野球人として、み

敦賀気比高時代。小柄ながらも、勝負強いパンチ力ある打撃でチームの主軸を担った

んな人生で1度は目指す場所。僕はグローブの刺しゅうで『全ては甲子園のために』と刻んでいたぐらい、憧れの場所でした」。1年夏に四番打者として甲子園の土を踏むと2年の春もセンバツに出場。だが、2年の夏以降は出場することができなかった。

「最後、甲子園に出られなかった。その反骨心で大学でも野球を頑張れた。3年夏で甲子園に出ていたら、燃え尽きていたかもしれない」

高卒プロ入りも「頭の中にはありました」と明かす。「1年生から試合に出させてもらっていましたから。声を掛けてもらえたところも何球団かあった。ただ、当時は右肩を痛めていて、最後は一塁を守っていました。打撃だけが取り柄だったので、確実に上位で獲りますという球団はなかった。自分で『仕方ねぇよ、この実力じゃあ』と強く思いました。客観的に一歩引いて、冷静に自己分析しましたね」。

聖地は、大学生になっても汗で輝いていた。「高校野球もそうでしたけど、僕は大学時代も甲子園が人生を大きく変えてくれた場所だと、今でも思っています」。青学大4年の6月、ユニバーシアードの日本代表に選出。大勢のスカウト陣をざわめかせた。「青学大の4年間は、高校からプロに行った選手に絶対に負けたくないと思って臨んでいました。反骨心が強くあった。だから、苦しいとき、もう一踏ん張りできた」。今でも毎年7月の誕生日を迎えると、青春の地を思い出す。

「僕にとって甲子園は憧れた場所、特別な場所です——」

点と点を結ぶ瞬間トレーニング

直感を信じて生きる。「諦めるときはパッと諦めるし、結構、判断は早いですよ。無理だと思ったら無理だと思うので」。意外な言葉が飛び出した。吉田にとってはショッピングも〝トレーニング〟だと言う。

「物を買うときも自分の判断能力を大事にしていますね。第一印象で、自分がどう感じるか。全て、野球のためにやっていると思います」

出国直前は街で「B」の帽子を被る子どもを見かけると自然と笑みが溢れた。「ニューエラとか47。小さい女の子とかも、最近こういう帽子被っていますよね。私服でも似合いそうだもんね」。ふと疑問も浮かぶ。「このBは……オリックス（のロゴ）と全く一緒なのかな？　ちょっと違うのかな？」。2児の父は新たな感情とも出会っている。

「やっぱり、僕はまだまだプレーヤーなので、自分が主役という感覚はあります。ここは難しいですよ。でも、長女が生まれたときから少しずつ感性が変わりました。子どもが頑張っている姿とか、無邪気な感じがすごく良いなと思う。僕は、辛いときは子どもの動画を見ます。そういう意味では変わったんじゃないですかね」

授かった2人の子が「女の子」で良かったと思う日がある。「男の子、欲しいですけど、野球に興味を持ったら大変だろうなと。どうしても父親と比較されるというのはありますよね。気にするなと言っても、絶対（周囲に）言われますもんね」。2歳の長女は、まだ父がメジャーリーガーだとは理解していない。

「僕も父親になってから、1年でも長く現役でいたいという気持ちがありますね。バリバリやっていきたい」

最近、注目しているのはボクシングの井上尚弥で「僕、同級生なんです。彼は強い相手と戦わなければ自分のためにならないと話している動画を見たことがあります。考え方、世界が違う。殴られるスポーツなのに、楽しみで寝られないってね……。その時点でどこか違う。不安ってどこかであるでしょ、普通。ストイック過ぎますよね」と尊敬する。

「ギラギラする気持ちが大切。絶対、誰にも負けたくないというかね。先輩の選手たちが引退するときに『後輩が打ってくれたら喜ぶ』というのは、心境が指導にまわっているからだと思うんです。まだ、僕はその心境ではない。自分のことに精一杯です」

だから、今日もひたむきにバットを握り続ける。

「野球を教えることって、すごく難しいと思います。特に子どもたちに教えるのは。まずは、好きなものを見つけてもらってね。自分が好きなものって自然と頑張れるので。向上心、興味を持ってもらうことがベスト。それが投手だったり、打者だったり、あるいはポジションであったり……。もっとうまくなりたい、強くなりたいと夢を持ち続けることが上達の秘訣でもありますね。僕の大きな目標はプロ野球選手になって、メジャーリーグで活躍することでした。向上心を持てば、自然と大きな目標ができる。そのとき何をすべきかが、毎回、頭の中に浮かぶ。ぼんやり、程遠い存在が、徐々に近づいているという風に感じる。雑誌に載れたとか、甲子園に出場できたとかね。1つずつ楽しみを見つけてクリアしていくんです」

ふと顔を上げて言う。「今年も丈くんが始球式?」。幼少期からオリックスを応援している人気アイドルグループ「なにわ男子」の藤原丈一郎のことだった。2年連続で本拠地開幕戦の始球式を務めたことを伝え聞くと「ジャニーズもオリックスも良い感じだね」とニッコリする。

「好きなことに全力で取り組める。それが仕事になっても変わらない。すごく素敵なこと」

その言葉は、点と点で結ばれた。

第７章　「頂」への冒険

新たなスタート地点

胸に手を当て、高鳴る鼓動を抑えた。

２０２３年3月30日（日本時間31日）のＭＬＢ開幕戦、日本人メジャーリーガー史上初となる開幕四番を任された。本拠地のフェンウェイ・パークは拍手喝采。オープニングセレモニーでベンチを飛び出す際は「ＷＢＣチャンピオン、マサタカ、ヨシダ！」とアナウンスされた。〝新顔〟の紹介に、ファンはスタンディングオベーションで温かく迎えた。長袖、ネックウォーマーさえ必要な気温４度でも、寒さを吹き飛ばす歓迎だった。

「もう一度、自分をアピールしないといけない立場でした。ＷＢＣの優勝で、知名度も期待も上がっていた。世界一になりましたけど、また新しい自分を見せられるようにしないとな、と思ってグラウンドに出ていきました。ワクワクと不安、緊張感がありましたね」

ボストン・レッドソックス、吉田正尚――。

憧れた夢舞台に、駆け出した。「最初の試合で良いイメージを残したいと思っていました」。記念すべき第1打席は二ゴロに倒れ、4回の第2打席は右肘に死球を受けた。〝新戦力〟への厳しい内角攻めに、本拠地からは大きなブーイングが巻き起こった。

「メジャーリーグのファンは、わかりやすく応援してくれている。喜ぶときは、ものすごく歓声をくれるし、ダメなときはブーイングの音もすごく大きい。ファンがスタジアムで声を大にして楽しんでいる。これが、野球を『楽しむ』ということなのかなと。ボールパークと呼ばれる理由がわかった気がしました」


初めて踏むグラウンドの土、日本時代にはあまり経験しなかった天然芝。左翼後方に高くそびえ立つ「グリーンモンスター」の存在。冷静さを失わず、初陣を戦った。

6点をリードされて迎えた6回無死一、二塁、第3打席に向かった。バチッとセンター前に弾き返し、メジャー初安打&初打点をマーク。記念球がベンチに戻される中、静まり返っていたファンたちが「ヨシダコール」を止めなかった。一塁ベース上で、そっと胸を撫で下ろした。

「球場の雰囲気……良いですね。すごくファンを楽しませる球場だし、僕たちもファンに楽しませてもらえる。ボールパーク。わかりやすく言えば、野球はエンターテインメントだと、すごく感じますね」

立ち上がって両手をたたいてくれる観衆に、ヘルメットを脱いでお辞儀した。鮮烈なデビュー戦は、4打数2安打1打点。記念球は宿泊先のホテルに戻り、妻に手渡した。


「だいぶアジャストというか、感覚の問題ですけど。オープン戦や練習の段階で対応できてきている印象はありました。日本とアメリカの野球は全然違うんだなとも感じていました。打席で一番感じることは、アメリカは『低めのボール球を振らせる』ことがない。こっち（メジャーリーグ）は、どんどん高めに投げて、力で勝負してくる。そこの免疫っていうのが僕の中では、まだまだでした。僕はメジャーの投手に対して、まだそこまで打席に立てていない。だから、より大事にやっていきたいという感じでしたね」

デビュー戦をマルチ安打の好スタートでも、分析をやめない。試合後は、自身の打席映像を見直す。これはオリックス在籍時から変わらないルーティンだった。「反省は、その日のうちに。明日には、また考え方が変わっている可能性があるから」。より正確に対応するため〝確認〟したものは、もう1つあった。

「ストレッチしているときに、思いきってグラウンドで寝そべってみたんです。『あ〜、空は青いな』と。それから結構、見るようになりましたね」

青い空の答え

中嶋聡監督からの「金言」を思い出した。

「見上げたらね、空が高いなと。西海岸はハイスカイって言うんですかね？　空が高く見える。フライを捕るとき、ボールとの距離感が難しいって聞きました」

そう言って、次は表情を崩して言う。

「僕は基本、アメリカの球場、どこもそう感じますよ（笑）。今まで（本拠地が）ドーム球場で楽をしていたなと。こっちは風もあるし、声も聞き取りにくい。指示とか連係を取るのが難しいですね。あと、天然芝。人工芝で楽をしていたのもある。天然芝は寒いと硬くなる。フェンスの形が真っすぐじゃないから、クッションボールがいびつだとか。環境の違いはすごくありますね」

早くも日米の違い「野球とベースボールの違い」を確認していたのだった。

ドキドキの初戦を終えると「WBCの期間もあったので、全部こっち（チーム）にいられたわけではない。うまく調整して、この日が迎えられたかなと思う」と記念すべき第一歩を振り返った。

WBC出場とメジャー挑戦1年目。二足のわらじを選び「最初の方は慣れない部分もあった。ちょうど慣れたかなと思った頃にWBCで日本に帰って、優勝して戻ってくることができた。まずは怪我することなく、無事に今日を迎えられたことは良かった。このまま怪我なく1年間戦って、ワールドシリーズで優勝したい。そこがチームの最大の目標だと思うので、最後まで完走したい」と〝優勝請負人〟は言葉に力を込めた。

開幕2戦目はヒットこそ出なかったが「ラッキーボーイ」として奇跡的な逆転サヨナラ劇を演出した。1点ビハインドの9回二死で打席へ。高く打ち上げた飛球をレフトが落球。「ツイてるな」と感じていると、次の瞬間、逆転サヨナラ2ランが飛び出した。

最大6点差をひっくり返した今季初勝利にも「すごい試合でしたね。野球は最後の最後までわからないというのを感じました。僕は、どの打席でも状況に応じて最善の選択ができればいいと思っている。勝っているので雰囲気は良いと思います」と淡々と言葉を並べた。

「やっぱり野球は勝負ごとなので、勝ち負けがついてくる。自分が打てなくて負けることもあるんですけど、みんな勝つために必死にやっている。バッターは打つために研究しているし、ピッチャーは抑えるために全力で腕を振ってくる。もちろん、負けて学ぶこともあるけど、勝った方が雰囲気の良い中で反省ができる」

足早に球場を出た。理由はもちろん、スイングチェック以外になかった。

4月3日（日本時間4日）、本拠地で行われたパイレーツ戦で「快音」が生まれた。初回、逆方向に高弾道の打球を流し打つと、観衆が立ち上がった。巨大な壁「グリーンモンスター」

を越える、驚愕の一発にスタジアムは沸いた。ゆっくりとダイヤモンドを一周すると、ベンチには、オリックス在籍時の応援グッズである〝パワーダンベル〟が用意されていた。「恥ずかしいから、やめてほしい……」と照れながらも高々と掲げて、球場を1つにした。

開幕4試合目、メジャー16打席目での初アーチに「ビッグパワーだ！　みたいな感じで褒めてもらいました」とベンチも大盛り上がり。日本で通算133本塁打を放ったパワーを見せつけた。

会心の打球だったが「メジャー球は思い切り打つと『打感が渇いてない』というか。日本のボールはスコーンって抜けていく感じなんです。重さの違いは感じないんですけど、反発が少し違うのかなと思う」と、ここでも落ち着いて分析を繰り返す。

「今、振り返ると、あの打席もガムシャラに振っていただけだなという感じでしたね」記念となる祝砲のはずが、ここから暗雲が垂れ込めてくるのだった。

初アーチを描いてからは、12打席連続で無安打。自身も「内容が良くない。ボールの上っ面をたたいている感じで、ゴロにしかなっていない。そこを変えていかないと。同じ攻め方で同じやられ方をするだけになってしまうので」と猛省していた。13打席ぶりのヒットはボテボテの内野安打だったが、全速力で一塁を駆け抜けて「どんな形でも『H』のランプがつけばいい」と必死だった。

ただ、その後も思うように状態が上がらず、開幕9試合目で初めてスタメンから外れ、完全休養した。「花粉症もあって……。アレルギーで体調が優れない日もありました。アメリカにも花粉あるのか……という時期でしたね」。コンディションがなかなか上がらない中で、異変も起きた。一塁ベース手前で野手と交錯し、転倒した試合で右足首を捻挫。内出血が止まらなかった。

日本の専門医にも、すぐに連絡を取った。歩くと激痛が走る怪我も「やるしかない」と数日間は隠し通した。

12日（日本時間13日）の敵地レイズ戦は「四番・レフト」で出場予定だったが、急遽、欠場した。負傷していた右足首をかばって走っていただけに、右太もも裏の張りが出た。「アドレナリンもあったんですけど、少し張りを感じたのでストップを」。試合出場に重きを置いてきた野球人生だったが、このときばかりは、やけに慎重姿勢だった。

「向き合わないといけないですよね」。心なしか、打席から逃げていた。

その後は「日々、状態は良くなっている」と話しながらも患部の状態向上に努めるため、少しの間、休養を決めた。4試合連続での欠場に、日本から応援するファンの間ではザワザワとした声が広がった。16日（日本時間17日）には5試合ぶりに復帰したが、快音は響かず。それでも「焦ることはしたくなかった」とマイペースを貫いた。そして、17日（日本時間18日）。〝侍対決〟が実現する。本拠地でのエンゼルス戦に「四番・DH」でスタメン出場。相手先発は大谷翔平だった。

リスペクトの強振

雨中でも闘志を燃やしていた。「WBCで一緒に戦ったメンバーだったのでね。対戦できることに、自然と喜びが込み上げてきました」。初回二死、18・44メートル先に大谷が君臨。魔球スイーパーはファウルにしたが、4球目の高め98・4マイル（約158キロ）の直球に、バットは空を切った。

「投手としても、野手としても、スケールが違う。対決しているのに、カッコよく見える。マウンドでも堂々としていますし、自信に満ち溢れている」

この日の大谷との対戦は、雨の影響もあり1打席だった。空振り三振に倒れ「しっかり抑えられましたね。最後にストレートを『ドン』と投げ込まれた。もちろん、なんとかしようとは思っていましたよ。それでも結果はダメでしたけどね」と奥歯を噛み締めた。

それでも、プライドがあった。「当てるだけの打撃は、絶対にしたくなかった。思い切り勝負してくれているのに、それは少し失礼なんじゃないかなと思った。しっかり自分のスイングができての三振だった」。凡退したが、不満は残らなかった。試合直前には「足の状態、どうですか？」と真摯に心配してくれていた〝仲間〟との対決に、意地でぶつかったのだった。

「こっちに来て〝大谷さん〟のすごさがすごくわかる。侍ジャパンのときもすごいのはわかっていましたけど……。アメリカに来て、大谷選手に対するメディアの数がすごい」

球界最強の投打二刀流に脱帽をするしかなかった。侍対決を終えた翌日、ある決断を下した。

「やっぱり、何かを変えないと通用しない」

ここまで13試合に出場して、打率・167と苦しんでいただけに、きっかけが欲しかった。表向きの理由は「完全休養」として試合に出場せず、室内練習場でバットを振り続けた。

「心のどこかで、逃げ出したい自分がいた。メンタルの部分と技術の部分で改善したいことがあった。最初、打率が1割台になってしまったり、足の怪我も重なったんで。こういう苦しみは、絶対に一度立ち止まって打開しないといけないと思ったんです。開き直って戦ったとしても、それはその場しのぎの戦い方になる。もちろん、僕も人間なので、開き直りたくもなった。でも、それじゃ打開策になっていない。また、同じような状態になってしまうと感じたので、一旦ストップしようと考えました。原因を探らないと」

メジャー生活を左右する転機だった。

2つの助言

渡米当初から、気にかけてくれる存在がいた。

「僕のことをよく見てくれていた打撃コーチがいたんです」。97年にヤクルトでプレーした経験がある、ルイス・オルティス打撃コーチ補佐だった。日本では通算20試合の出場で打率・172、0本塁打と成績を残せなかったが、熱心な指導者となっていた。

「ルイスはよく見てくれている。ずっと喋ってくるタイプではなくて、うまくタイミングを見ながら、ポイントでアドバイスをくれる。だから、僕はすごく良い関係を築けていると思う。また、1つ勉強になったし、引き出しが増えた。何より、スッキリしたんです」。そっと寄り添ってくれるルイス打撃コーチ補佐から、的確な助言が2つあった。

1つ目の助言は、至ってシンプルだった。「両目で投球を見よう」。

2つ目のアドバイスも、的確だった。「顎のラインを投手に合わせよう」。

初心に戻るような言葉にハッとさせられた。

「わかりやすく言うと、顎が（左打者なので）三塁側に向いていたんです。投手の方に向いていなければ、両目でボールを捉えることはできない。右肩が内側に入りすぎているから、顎で投手を捉えきれなかった。自分の中で、ボールの見え方が一気に変わった。見送り方にも自信が戻ってきた。構えもしっくりくるようになった」

思い返せば、オリックス在籍時の22年のシーズン終盤、劇的な優勝争いの最中に打撃フォームを改造していた。

「トップの位置を深めに変えていたんです。そうすることによって、あのときは強い打球を打てるようになった。だけど、こっちの世界に来て、球威があるのとテンポが速いこともあって差し込まれるようになっていた。最初の構えの段階で少し深く構えすぎていた。だから始動が遅れて、インコースに対応できなくて……。内角に来るボールが全部（見えず）消えてしまって、打ってもゴロにしかならなかった。どうしようか……と思っていたところで声を掛けてくれたのがルイスだったんです」

二人三脚で乗り越えようと奮起した。自身の打撃映像を2人で隅から隅まで見た。たどり着いた〝答え〟はオープンスタンスで構えることだった。

「スクエア（スタンス）にしていたのでね。まず、顔を（投手の）正面に向けて、ボールをしっかり見ることを意識したんです。技術的な部分も大切でしたけど、基本の部分でした」

ルイス打撃コーチ補佐から手渡された「ドリル」を見ながら、打撃フォームを改造。「本当に、両目で見る意識。ただそれだけです。右目だけで（投手を）見ていて、背中や肩が（本塁側に）入りすぎていた。そういうところが悪循環になっていたんで、メカニックの部分も考えるようになりました」

バットを持って、構える。基本的な練習に、丸一日かけて取り組んだ。「ほんの少しの部分ですけど、それが良いきっかけになりました」。決心して休んだ「1試合」は、何試合分ものヒットを呼ぶことになる。

4月20日（日本時間21日）のツインズ戦には「四番・レフト」でスタメン起用された。相手の先発マウンドには、メジャーの先輩、前田健太投手が君臨。渡米直後に食事を共にした先輩右腕には右飛に仕留められた。ただ、「凡打の内容が変わった気がした。ライナー性やフライを打てる感覚が戻ってきた」。そう感じていると、前田が緊急降板した直後の第2打席では中安打をマーク。5試合ぶりのヒットに「打った瞬間はホッとしました。でも、まだ1本だったので、もう次の打席を考えていました」。8回にも左腕から左安打を放ち、マルチ安打を記録。ここから止まらぬ打棒を発揮することは、まだ誰も知らなかった。

共通認識

久々の快音に、ようやくグッスリと眠れる日々が訪れた。ポリシーは「8時間は寝ること」だったが、眠れない日が続いていた。

「夜にモヤモヤしたときがありましたね。開き直りたくなるときもあった。本当にモヤモヤして、何時間おきに起きたり眠れたりの繰り返し。全てが悪循環でした」

日本でプレーした頃とは違い、リフレッシュがなかなかできなかった。異国の地で戦う決断を下したが、WBCなどもあった影響で「マイホーム」が確保できていなかった。

「非常にタフタフでしたね。4月いきなり19連戦だったので……。開幕した頃は、泊まっていたホテルからスタジアムまで歩いて通っていました。5、6分、通訳の若林と一緒に歩いて球場入りしていました。本当に何もなかった（笑）。毎日、歩いて球場に行って、試合が終わってホテルに戻って、寝られたり、寝られなかったり……。毎日、試合があるのは日本の頃と変わらないですけど、全然違った。日本の月曜日は（移動日で）羨ましいなとも思いましたよ」

連戦が続く中で、思うような成績が残せず、いつになくネガティブ思考にもなった。

「このまま終わるのか……？」

自分自身に何度も問いかけた。

「いろんな感情がありました。だけど、気がついたら自分のバッティングのことばかり考えていた。『メカニックの部分、明日コーチと話してみよう』だとか。これでダメだったら、もう次の考えに行くしかない。あんなに野球のことでマイナスな方向に考えたことはなかった。こういう経験は自分の中でも大きかったかなと思います」

ルイス打撃コーチ補佐に相談に乗ってもらい「スッキリした部分があった」と笑顔を取

り戻した。

「なんとなくですけど『これだ』というものが自分の中であった。今までの自分のキャリアの中で積み上げてきたものでした。引き出しの数って言うんですかね？『これとこれ』という組み合わせを全てのパーツで繰り返しながら、良いものを選んで。全く新しいものではありません。今までの経験で培ったものに、プラスしていく。だから、積み上げるというよりかは、合わせていくって感じでした」


苦しみ、もがき、暗闇にいても、野球が大好きだった。

「明日は何を聞こうかな」。日々そう思うことで「心の距離」が縮まっていった。

「アメリカって質問をしないと『理解してるのか？』って心配になるらしいんです。僕も尋ねるたびに『ナイスクエスチョン！』と言われた。ちゃんと話を聞いているからこそ、質問が出るわけじゃないですか。考えるからこそ疑問が出る。話を理解できている証拠です」


異文化に触れ、思い出したのは「丸坊主時代」だった。

「日本では、とりあえず大きな声で『はい！』っていう選手が多かった(笑)。はい！　はい！　はい！　の連続だと、本当に聞いているのかわからないですよね」

取り戻した笑顔で話を続ける。「まず、『なんで？』が言えない環境なんですよね。言われたことが正解だと思って、受け入れてしまう。自分の頭では考えていないんです」

繰り返す質問でコミュニケーションを取った。次第に、自分の心も晴れやかになった。

「どっちかと言うと、僕はひねくれていたかもしれないですね(笑)。昔から『なんで？』が気になるタイプだった。自分で考えて動けるのがベスト。勝負は自分次第と思って生きてきましたから。もちろん、純粋な気持ちも大事に持っていますけど、結局は『なんで？』を自分で考えないと、同じ失敗を繰り返してしまうことになる」

観察力と洞察力——。的確な一言が、すべてを表現する。

「配球だって、駆け引きじゃないですか。ずる賢い方が良いに決まっている」

「なんで？」の追求こそがロマンだった。

歴史に刻む2発

吹っ切れたかのように、快音を取り戻した。

打撃不振で一時は1割6分台まで低迷した打率も、順調に向上。そして4月23日（日本時間24日）、スタンドの観客がホットドックのケチャップをこぼしまくるような展開が待っていた。

「日本人メジャーリーガー初の1イニング2発」

耐えに耐え抜いた「侍」が刀を抜いた。8回、決勝弾となる2号を放つと、なおも二死満塁で打席へ。「たまたまの巡り合わせですよ」。そう謙遜しながら、右翼2階席に3号グランドスラムを叩き込んだ。

内角球にうまく反応し「あのコースは最初の方、ボテボテのゴロや凡打になっていた。だからこそ、打てた嬉しさがあった。展開も良かったですけど、僕の中では打てなかったものが打てるようになった感覚の方が嬉しかった。満塁はチームみんなが作ってくれたものなので。僕は打席で最善を尽くすだけ。あの2打席は、うまくバットのヘッドが出て、打球に角度もついてくれた」と、余韻に浸った。

大記録を樹立しても、慢心は一切ない。「まだまだこれから。結果を追い求めていくというところは1つ大事かなと思う。自分の力を信じることはもちろん、周りの協力もありながらね。いろんな人の助けもありながら僕は生きている。メンタル的にも、人間的にも大きくなれればいいかなと思います」。


その言葉に、もう迷いはなかった。

先輩左腕からも快音を響かせた。5月2日（日本時間3日）のブルージェイズ戦には「六番・DH」で出場。相手先発は菊池雄星投手だった。日本時代は同じパ・リーグでしのぎを削りあったサウスポーと、メジャーの舞台で初対戦。18年以来、5年ぶりの対戦で、4回に5号ソロを放った。カウント3―1から153キロの直球を強振。右中間のブルペンまで運んで見せた。

ダイヤモンドをゆっくりと回る途中、ふと感じたことがある。

「不思議な感じがしました。少年の頃、テレビで見ていた舞台に立っている。それに、憧れていたメジャーの球場でホームランを打って走っている。少年の頃から、ずっとそういう夢を見て頑張ってきましたけど、いざ実現すると言葉にできないなと感じました。大きな夢を持って生きてきて、気がついたら、その場所に自分がいる。そのとき思いました。あの頃の夢は、大きかった。だけど、そこは僕にとって最終目標ではなかった。遠いところに置いていたはずの夢に辿り着くと思うんです。『まだまだやな』って。日々懸命に生きていこうって」

20年ほど昔、かじりつくようにテレビ画面を見ていた〝吉田少年〟は、夢の舞台に立った。画面の中で、スターになっても「結局、僕は浮かれることはないと思います。有名な選手がいると『おおお！』ってなりますけど、表情には出さないようにしていますから」と、バットを肩に担ぐ。

5月9日（日本時間10日）のブレーブス戦で連続試合安打記録が「16」で止まるまで、打ち続けた。知らぬ間に打率は3割を超えていた。

発想の転換

「慣れ」が生み出した快音だった。

「少しずつホームゲームとビジターゲームのルーティンや時間の作り方を覚えてきました。日本とアメリカの違いの部分ですね」

日本と異なる部分は「全てをスタジアムで完結する」ところだった。「治療も食事もホテルではないんです。全部、球場でする。最初は戸惑いましたけど、段々そういう意識になってきました」。〃1年目〃のヒットマンは、雑務もこなす。チームの慣習でもある「1年生が運ぶビール」を吉田も懸命に運んで、仲間と打ち解けていた。

「こっちの世界を受け入れる。プラス、自分のペースを守る」

もちろん、日本での生活を思い出すこともある。

「でもね、日本時代と比べると……どんどんストレスになるんでね。あまり考えないようにしています。日本とアメリカの生活は全く比べないように生きています。考えた瞬間、帰りたくなるじゃないですか（笑）。僕は、こっちの世界を受け入れるようにしています。新しい文化、新しい自分。モチベーションとしては、そういう風に考えてやっていますね」

オリックス時代に慕ってくれた後輩たちとの連絡も〝あえて〟取らない。日本の情報を遮断している理由は「1回考えたら、あの選手どうかな？　となってしまうから」であり、移動中に動画配信サイトで1日1回、その日のまとめハイライトを見るのが日課。それ以上の情報は取り入れないようにしている。

「飛行機の移動ばかりなんでね。新幹線で（新大阪から）東京とか福岡に行っていた頃が懐かしい。でも、チーム全員、チャーター機で動くので、空港で待ったりする時間がないのはスムーズですね。日本では、どうしても移動で待つ。それがもう、バスでドーンと行って、チェックイン。飛行機に乗ったらおしまい。そういう意味ではストレスはない。乗っちゃえば、あとは時間が経つのを待つ。時差もあるので、寝るか、どうするかだけなので」

選手スタッフ全員が〝家族〟のように動く。その一体感が試合にも生きる。

「ベンチでも、チームで戦っているなと日々感じています。遠征先の昼間はメンバーでランチに行ったり、そういう絆があります。だから、仲間がデッドボールを受けると熱くなったり、団結力がある。『俺たちは家族だ』という雰囲気がベンチにはありますね」

ランチは当然のように日本食は選ばれない。「みんなで行きますからね（笑）。やっぱり、納豆とか味噌汁がないと、ちょっと寂しさもあります。だけど、それは仕方ないこと。僕は〝外国人〟ですから。昔、助っ人の奮闘を見ていたのを、すごく思い出しますよ」。環境の違いに戸惑うことは多々ある。ただ、一歩グラウンドに出れば、表情には全く見せない。

「もちろん、ネガティブにもなる。ああ、こんな感覚なのか……と思った日もある。だけど、基本はポジティブに持っていかないと前に進めない。無理矢理……に近いときもありますよ、そりゃあねぇ（笑）」

口角を上げるようになったのは、生活に慣れが出てきたからかもしれない。

描いた夢

　心が満たされれば、打席での迷いもない。

「やっぱり結果が出れば、もちろん嬉しい。野球って楽しいなと思える。ただ、結果が出なかったら辛い。だけど、そういうのも自分の経験としていかないと。これからの人生で、何かを伝える役割になっても、苦しめば苦しんだ分、新しいことも得る。全部が終わってから、後からそう思えるようになれればいい。だからこそ、今、この瞬間を無駄にしたくない」

　夢の舞台に到達した。楽しさは、そこにあるのか――。

「よく楽しめ、楽しめって言うけど、楽しめているのかな……」

　数秒後、しっかりと目を見て、返事をした。「毎日そう思いたいですけど、日々そうではないと思うんですよね。やっぱり、環境が違うので。新しい景色が見られることは新鮮で楽しい。その新鮮な気持ちは常に持っています」

　子どもの頃に描いた「挑戦」は真剣勝負の日々。そう甘くはない。「でもね、好きじゃないと、ここまで頑張れない。死ぬほど好きじゃないと追い求められない。他の業種でも、そう思います。好きじゃないと。嫌いなこと、苦手なことに向上心を持ってやるのは苦痛だと思うんですよね」。好きだからこそ、前を向けるのは吉田も一緒だった。

そして、5月6日（日本時間7日）——。待望の瞬間が訪れた。

敵地、シチズンズ・バンク・パークのクラブハウス。長年の憧れだったフィリーズのブライス・ハーパー外野手と対面した。オリックスに15年秋のドラフト1位で入団した際は「プロ野球には魅力が必要。僕もハーパーのように、打撃で『おーっ』となる選手になりたい」と語っていた。1学年上のアーチストに敬意を表し、入団時の背番号は「34」を希望して選んだ。愛猫には「ブライス」、愛犬には「ハーパー」と名付けるほどだった。

スーパースターへ緊張気味に挨拶すると、2本のバットとスパイクをプレゼントされた。手渡しされたバットは、ハーパーの特注品。憧れの存在に自力で辿り着き、握手を交わした。記念撮影は、思い切り微笑んだ。あのときに記した真っすぐな心を思い出した。

「僕の将来の夢はメジャーリーガーです」

あとがき

毎朝、起きるのが楽しみになった。深夜、寝室で小さな液晶画面を眺め、眠れない日もある。海の向こうで、赤色のユニフォームに着替えた〝正尚さん〟の躍動が元気をくれる。

「まっしー、新婚生活はどう？　奥さん元気にしてる？」

グラウンドを離れた吉田正尚は、とても気さくだ。オリックスを離れる際「お世話になりました」と、妻にプレゼントを贈ってくれた。結婚式には、サプライズでお祝いのムービーを届けてくれた。丁寧な心遣いに、家庭内は笑顔が溢れた。

揺れる胸中を決めたのは劇的弾だった。22年の日本シリーズ第5戦、野球の教科書に掲載されるような、完璧なサヨナラ弾で京セラドーム大阪に歓喜を呼んだ。超満員のスタジアムに響いた快音を聞いて、僕は新聞記者を卒業すると心に誓った。グッと堪えたが、震え上がって涙が出た。1人の人間として、吉田正尚の野球人生を追いかけたかった。

熱気の冷めない間に連絡を入れた。返事は、数分後に来た。

「痺れたね！」。初めてビックリマークが来た。

正尚さんと出会ったのは、20年の宮崎春季キャンプ。新型コロナウイルスが日本にやってくる数日前、面倒見の良い伏見寅威捕手に誘ってもらった食事会で隣に座ったのが〝初対面〟だった。食事会場は、想像していた雰囲気とは違った。個室でもなければ、注文の際は吉田正尚が店員さんに向かって手を上げる。お尻には、もちろん「マイ座布団」を敷いていた。

ラオウ杉本裕太郎外野手を含めた3人の打撃談義に花が咲く。熱心な話に、頷くしかできなかった僕に「わからんよな、楽しんでる？（笑）」と、チラッと横を見て気にかけてくれる。こちらは、3選手の打撃理論を聞いているだけで胸を躍らせていた。開始から30

分ほどして、時折、質問を入れると「よく見てるね」と丁寧に答えてくれる。

衝撃的だったのは、1時間ほど経ったタイミングだった。注文した食事を終え、追加を頼もうとした瞬間。無言で、自身のスマートフォンを横に向けた。

「いいね、この選手。絶対、出てくるよ」

「ちょっと後ろに（重心が）残ってる。もったいない、惜しい」

先輩2人を目の前に〝置き去り〟にして、当時ドラフト候補に名前が挙がっていた社会人選手の打撃映像をガン見していた。食事を終えると「またね」とグータッチ。翌日も現場で顔を合わせるはずなのだが、拳を合わせる瞬間、ものすごく緊張した。

宿舎の方向が違うこともあり、帰りは2対2に分かれた。ラオウさんは「俺、正尚より全然取材慣れしてへんから、これから頼んだで！」と、大打者の後輩を笑わせながら手を振った。

直後、シメの肉巻きおにぎりを購入しようと2人でテイクアウトに並んでいると、寅威さんから「おい、健、ちゃんと正尚のLINE、聞いたか?」と声が飛んだ。優しさに感動した。

連絡を取るようになり、日々、顔を合わせると、自然と呼び方が変わった。変わらない事実が1つだけあった。吉田正尚を〝取材〟するのは、どうも難しいのだ。想定していた回答とは別角度の「名言」が飛び出すからだった。それも、端的なようで深いから、なおさらだった。「おはようございます!」と挨拶すると、にこやかな笑顔が返ってくる。取材やインタビューだとわかると〝丁寧語〟に戻る。この言葉のチョイスもプロ意識の高さ。最近では「新聞記事とインターネット記事は書き方が違うの?」と新たな質問を受けた。職人気質な打撃スタイルから、野球一筋だと思われがちだが、実際は違う。

「やっぱり、国語が好きだったの?」

ふと思い出す会話は常に〝質疑応答〟だった。「いろんなことが知りたい。その人がどう思って、何を考えて生活しているのかな？　とかね。信頼の積み重ねは会話だから」。どちらが取材者かわからないときも多々ある。

さらに〝ウラ〟を取るから、適当な返事はできない。より正しい情報をゲットするために、平気な顔で同じ質問を何人にも当てる。事実確認とまでは言わないが、より精度の高い情報を掴むため、自然と繰り返しているのだろう。口癖は「面白い話って危ないもんね」。変化球を待って直球をファウルにするように、リスクヘッジ能力が高い。

オリックスでも、ＷＢＣでも、大活躍で日本中に夢と感動を与えてくれた。メジャー開幕直後は少し苦しんだが、必ず復調してくれると信じていた。その想像の遥か上を超えた。

あのとき、勇気を振り絞って、伝えてよかった。22年11月末のファン感謝イベントが「オリックス　吉田正尚」として、最後の球団行事。紙袋を手渡してくれた正尚さんに、僕は言った。

「仕事、辞めます。僕に、書かせてください」

あれから、出版に携わってくださった多くの方々に感謝の言葉を伝えたい。福井のご両親、ご家族、オリックス関係者の皆様、ベースボール・マガジン社の松井進作様、週刊ベースボールの鶴田成秀様、パムズ事務所の有本豊マネジャー、青学大時代からの専属マネジャー池田卓巳さん。オリックス在籍時、ともに取材した関西テレビの山城慶志郎スポーツディレクター、毎日放送の三ツ廣政輝アナウンサー。さらに前職の日刊スポーツ、出版制作の協力に背中を押してくれたFull-Count編集部へ。

そして、この本を任せてくださった、吉田正尚選手――。

「頂」を目指す姿を、全力で追う。こんな幸せな人生を送れて、感謝しかありません。

真柴 健

吉田正尚（よしだ・まさたか）

1993年7月15日生まれ。福井県出身。173センチ、85キロ。右投左打。6歳から野球を始め、麻生津小では麻生津ヤンキース、足羽中では鯖江ボーイズに所属。敦賀気比高では1年夏から四番を任され、2年春と2度の甲子園出場。高校通算52本塁打。青学大でも1年春から四番を任された。2015年秋に行われたドラフトで1位指名を受けてオリックスに入団。背番号は「34」。新人年の16年3月25日、敵地の西武戦で「一番・DH」で開幕スタメンデビュー。18年から3年連続全試合出場。20、21年に首位打者、21、22年には最高出塁率も獲得。ベストナイン5度。21年から2年間にわたり選手会長を務め、2年連続のリーグ優勝と悲願の26年ぶり日本一の立役者に。22年から背番号を「7」に変更。19年プレミア12、21年の東京オリンピック、23年WBC日本代表。ポスティングシステムを利用し、23年からMLBレッドソックスへ移籍。NPB通算7年間で762試合に出場し、打率.327、133本塁打、467打点。

真柴 健（ましば・けん）

1994年8月25日生まれ。大阪府出身。オリックス在籍時から吉田正尚と親交があり、本書の構成を担当。幼少期から京セラドーム大阪はもちろん、ファーム観戦にも通うなど、大のオリックスファン。京都産業大ではラグビーに熱中した。卒業後の2017年に日刊スポーツ新聞社へ入社。3年間の阪神担当を経て、20年からオリックス担当に。担当3年間で最下位、リーグ優勝、悲願の日本一を見届け、新聞記者を卒業。23年2月から Full-Count 編集部へ。吉田からの愛称は「まっしー」。オリックス情報満載の Twitter アカウントは@ MashibaKen。

ROAD《ロード》 to《トゥ》 the《ザ》 TOP《トップ》
頂《いただき》への冒険《ぼうけん》

2023年6月30日　第1版第1刷発行

著　　者／吉田正尚《よしだまさたか》
発 行 人／池田哲雄
発 行 所／株式会社ベースボール・マガジン社
〒103-8482
東京都中央区日本橋浜町 2-61-9 TIE浜町ビル
電話　03-5643-3930（販売部）
　　　03-5643-3885（出版部）
振替口座 00180-6-46620
https://www.bbm-japan.com/

印刷・製本　共同印刷株式会社

ISBN 978-4-583-11584-9　C0075